井口嘉則 著
柾 朱鷺 作画

マンガでやさしくわかる

ダウンロードサービス付

中期経営計画の立て方・使い方

Medium-term business plan

日本能率協会マネジメントセンター

はじめに

前著『中期経営計画の立て方・使い方』（かんき出版）は、自身の実務経験とコンサルティング経験を活かして、いわば卒業論文のようなつもりで1999年に旧三和総研在職中に出しました。精密機械メーカーというモデル企業を設定して、その会社の中期経営計画ならこのように作るべきだろうという想定で、合計22枚のワークシートをすべて一貫性のある事例として記入例を付けて紹介し、併せて巻末にブランクのシート集をCD-ROMの形で添付しました。幸い実務家の方々から「わかりやすい」とご好評をいただき、2008年の改訂版を含め、今日でも、いまだに読み継がれ、活用していただいています。共著者の稲垣淳一郎さんともども、大変嬉しく思っています。

それから長い年月を経ましたが、その間、私は中期経営計画策定支援のコンサルティングをブラッシュアップしながら継続し、その一方で、策定後の進捗管理の支援や、企業内での新任取締役や新任部長研修、公開セミナーでの中期経営計画策定講座等でビジョンと戦略の組み立て方を講義・指導するなどの経験をしてきました。その中で、旧著では盛り込みきれなかった新しい考え方や、要素・ノウハウといったものが出てきました。

さらに『マンガでやさしくわかる事業計画書』（日本能率協会マネジメントセンター）で新規事業のビジネスプランを策定するプロセスを、マンガのストーリーで表現するという新たな手法との出会いにより、中期経営計画の策定プロセスについても、具体的に紹介できるのではと思い至りました。

私自身、お客様に合わせていろいろな策定方法、策定体制を経験し、それぞれの取り組み方の問題点や課題、それらに対する対応策・解決策というものを工夫してきました。このノウハウを、2つの会社の進め方の例として表現できないものかと思っていたところ、今回、日本能率協会マネジメントセンターさんからお声がけいただき、2つの会社のお話として展開できることになりました。

中期経営計画の作り方は、経営者（トップ）の考え方や会社の業種・業態、組織体制、置かれた環境、経営状態、企業規模、スタッフの状況等により異なります。本書では、それを「大和貿易」と「山本電機」という2つの会社に代表させて表現してみることにしました。

ベースとなるフレームワーク（枠組み）は、前著『中期経営計画の立て方・使い方』でご紹介している4つのパートで構成するということは同じですが、作り方により取り組む順番が違ったり、考え方やアプローチが異なったりします。その部分を、読者の方々にマンガのストーリーでつかんでいただきたいと思っています。

もう一つ、この本にぜひとも盛り込みたかったことは、中期経営計画は「作って、発表しておしまい」ではダメで、その後の遂行・実行につながり、かつ実行フェーズで進捗管理（フォロー）ができるものでなければならないのですが、そのような中計にするにはどのようにしたらよいかということです。

多くの会社がたくさんの労力と時間をかけて中期経営計画を策定していますが、実行できるものになっていなければ役に立ちませんし、実行しなければ、成果が上がりません。

これまで、中計を作った後の会社も多く拝見し、どのような作り方をしたら実行しやすいか、またフォローがしやすいか、さらにどのようなフォローの仕方をしたら成果が上がりやすいかということを実際に指導しながら考え、やり方を工夫してきました。そうした経験や知見もみなさんにぜひお伝えしたいと思っています。

経営企画という部署が存在し、中期経営計画を策定して運用するというのは、日本独特のものではありますが、上手に活用すれば、会社の発展に大変役立つ仕組みだと思います。

90年代のバブル崩壊以降、リストラを乗り越え、2000年代以降のグローバル化と企業再編の波を乗り切り、2010年代以降の災害と少子高齢化を克服しようと努めている日本企業には、自社を、自分たちを変身させていく力が内在していると思います。

今後も環境変化は続きますが、そうした中で変化し続けられる会社、変化を新しい力に変えていける会社となるために、自己改革力・変革力の習得と進化を、新たな中期経営計画の中に盛り込み、実行し実現していっていただきたいと思います。

2019年4月吉日

井口　嘉則

目次

マンガでやさしくわかる中期経営計画の立て方・使い方

プロローグ 中期経営計画の基礎

今回皆さんに取り組んで頂く事業分析は
現場感覚といった既にお持ちの情報が重要なのでぜひご協力をお願いしたいのです

全社員が常に新しい試みを忘れず恐れない『クリエーター』であれ！

お前また一人で仕事抱え込んでるだろ
エンジニア時代からの悪い癖だぞそれ
ギク

実は戦略から活動計画に落とす一方通行では抜け漏れが出る事があるんです
だからこそこうして確認・補足をする事が大事なのです
なるほど！確認と補足了解です！

エピローグ

中期経営計画の見直しと進捗管理パート

ダウンロードサービスについて

本書の特典として、中期経営計画の策定に役立つワークシート集（本書巻末掲載）を下記のサイトよりダウンロードいただけます。

■ダウンロードサイトURL■
http://www.iguchi-yoshinori.com/chukei

●中期経営計画策定用ワークシート集（ファイル名：chukeiws.pptx）
（Microsoft Office Powerpoint プレゼンテーション）

プロローグ

中期経営計画の基礎

STORY 0 検討体制立ち上げ

プロローグ　検討体制立ち上げ
経営企画セミナー
講師
高知須留夫
世の中は常に変化しています
ですから「自分の会社だけは変わらない！」
というわけにはいきません
ではどの程度変わる必要があるでしょうか？
経営コンサルタント
高知須留夫

求められる変化は大きさの順にこうなります
改善＞改革＞変革
皆さんの会社がどの程度変わらなければならないと思うか3つのどれかに丸を付けてみて下さい
改善で済む場合は年度予算の延長でも何とかなりますが
うーん……
樹開摂圭《きかいせっけい》
改革や変革が必要となると予算とは別に中期経営計画を立てて
3年から5年の時間をかけて取り組んでいく必要があります
そっかーなるほどー
椛田美鈴《はなだみすず》
ではお隣の方とこれまでの自社の中期経営計画について
ぱん
差し支えない範囲で問題点を話し合ってみてください！

ええっ!?
しょ…初対面の人と話すの?
しかも女性…
え—!!
ザワ
ザワ
………
あの…私椛田と申します
よろしくお願いします!
あ…はい…っ
樹開です よろしく…
私は『改革』に丸を付けました
うちの会社は過去に何回か中期経営計画を立てたようなのですが為替レートの前提がずれてその都度取りやめてきたと聞いています
はあ そうですか
それは残念…

御社はいかがですか？
ドキン
え…えーと実はまだ異動したばかりでよくわからないのですが
聞くところによると取引先の好不況に影響されて浮き沈みが激しいようです
ああ苦手だなあこういうの…
ひょっとしたら変革か改革が必要ではないかと感じています…
どうしてこんなことになっちゃったんだ…
え…っ?!
『経営企画室』へ異動?!
そんな…っ僕はエンジニアですよ?
なんでそんな経営の中枢みたいなところに…
ああ…まあそうなんだが…

ま
もう決まったこと
だから
しっかり勉強して
頑張ってくれ！
そんなーーーーーー！
山本電機は
同族経営で
社長は
三代目の
山本三郎氏
社長は
新製品開発が好きで
思いつきでいろいろ
出すけど
売れない
在庫の山は
倉庫に積み
あがっている
対して
既存のお客様や
商品群のフォロー
は足りないから
経営企画室
大口の得意先からも
クレームが来ている
始末で
結果
売上停滞・利益減少で
株主からの風当たりも
相当厳しくなっている
らしい
そこで
マネジメント一筋の
車田常務を次期中計の
プロジェクトリーダーに
任命し『会社の改革案』
について取り決める事に
なった——という話だけど
初年度から
未達となった
前中計の作り方の
反省をして

なんか大変なことに巻き込まれちゃった感じだなあ…
車田常務
今回は「現状分析→戦略立案→経営目標設定→各事業部の取り組み」という手順を踏んで地に足のついた中計を立案していく
株価もこれ以上下げるわけにはいかないからな
中計project
あれ？これって予習のために読んだ本にあった『現状分析先行型』じゃ…？
中期計画作成法
高知須留夫
「改善」程度の変化なら現状分析先行型で良いけど「改革」が求められるならビジョン先行型じゃないとだめだと書いてあったけど…
樹開君！
ガタ
あ…はいっ！
君には中計プロジェクトの事務局を担当してもらうよ
事務局…ですか？
そうだ プロジェクト検討会を開催したりミーティングの司会をやったり
各事業部や部門に資料の作成を依頼したり資料をまとめたり
それを社長や経営会議に説明したりするのが事務局の役割だ

ずっしり…
頑張ってくれよ！
ぽん
は…はあ…
ああやだやだ…
早く現場に戻りたいーーー！
……さん
あっ…すみませんっ
ガタ
ガタ
何の話でしたっけ…？
樹開さん！大丈夫ですか？
はっ
………
さっきからうわの空で溜息ばっかり…

大和貿易は
営業上がりの
イケイケ社長が
トップ営業で
業績を伸ばして
きた会社
きっとこの人も
「わけわかんない」で
ここにいるんだな
でも
営業部門も
3つに増えて
ワンマン体制も
そろそろ限界
なんじゃないか
と囁かれていた
今日この頃…
よしわかった！
新中計を作るには
スタッフが必要だな
この際
営業や管理部門から
何人か集めて
『経営企画室』を
作ろうか！
ざワァ
【辞令】
yamato zinzi
営業部　椛田美鈴殿
○月○日をもって経営企画室に
異動を命ずる。
ばっ

そんな鶴の一声で経営企画室は出来て
何やってんだ桜田く〜
あーあ モニターべっちゃり…！
私は営業から企画室へ異動になった
…………
会議室
えー…こちらコンサルタントの高知先生です
経営企画室 社内セミナー
よろしくお願いします！
中期経営計画の専門家で今回経験の少ない私達を助けてくれます
高知です 良い中計ができるよう一緒に頑張っていきましょう
さて——
事前に社長ともご相談したのですが
今回の大和貿易さんの場合ワンマン体制から組織的な運営体制へ大転換が求められていますので
中計は『ビジョン先行型』で推進すべきだと考えます
なにそれ？
？

ビジョ
将来像や目標の設定方法には二つあります
キュ
キュ
一つは「現状分析先行型」でもう一つが「ビジョン先行型」です
「現状分析先行型」は現状の問題点や課題を抽出しその解決策を検討達成できそうな目標値を設定します
それに対して「ビジョン先行型は」一旦現状は置いておいて望ましい将来像や目標を先に検討し
それから現状に戻り目標とのギャップを埋める戦略を検討します
変革や改革といった大きな変化が必要な場合現場に捕らわれ過ぎてはうまくいかないので『ビジョン先行型』で進める必要があるのです
さらに中計の要素は図のように4つのパートがありそれぞれのパートがいくつかのセクションに分かれています
それらを順に検討する為にプロジェクトチームを組んで貰いますが
その討議をワークショップと呼び何回か重ねる討議全体をワークショップシリーズと呼びます
ビジネス環境分析
外部事業環境分析
自社経営資源分析
戦略策定
現状とのギャップ
基本戦略
ビジョン設定
理念
経営ビジョン
事業領域
経営目標
組織戦略
事業戦略
機能別戦略
活動・計数計画具体化
戦略課題と解決策
活動計画・計数計画・KPI
そして「ビジョン先行型」の場合まず「ビジョン設定パート」から議論していきます
ここまでOK?
あOK

やる気に満ち溢れていて大変結構です
あははは
数日後――
椛田さん！
船木部長
例の中計の件だけどね
なんだか事務局っていうのが必要なんだって
はあ
それ君お願いね
えっ？なんで
だって高知先生の御指名だから
ええっっーーー?!

事務局かあ……
えっ？
あ…いやっ！別に！何でも！
あははははは
…………
はい？
不審だろ挙動おれっ ひゃろろろ
あの……

よろしければ名刺交換して頂けますか？
………
あのう…
あ……
バタ
はいはい はいっ！すぐに すぐに…！
バタ
よ よろしく
よろしくお願いします
セミナー最終日
経営企画セミナ
講師
皆さんお疲れ様でした
本日でこのセミナーは終了です
今回学んだことを元に自社へ戻って有意義な中期経営計画を立案してください

パチ
パチ
パチ
ああ
終わっちゃった
これからは全部
自力で中計を策定
しなきゃ
ならないんだ…
不安だなあ…
樹開さん
この人とも
これでさよなら
か…
ちょっと残念…
セミナーは
終わって
しまったけど
これからも
お付き合いして
貰えませんか?!
えっ…
僕とですか!?
はいっ!
ぜひ!
高知先生の
学びの友
高知チルドレン
として!
よ…
喜んで…

01 中期経営計画の基礎

▼（1）経営計画をつくる意義／会社を変えていく気構え

マンガのストーリーの高知の言葉にあるように、世の中の情勢は常に変化しています。ですから、その中で会社や人も変わっていく必要があります。では、どの程度変わる必要があるのかというと、対象となる会社や人によって異なってきます。

変わらなければならない変化の程度を、大きい方から「変革〉改革〉改善」というように3つに分けて考えてみましょう（図表0－1）。

まず、「改善」は今あるものを少しずつ良くするとか、少し安くするなどのように、小さな変化を作り出して行くことをいいます。「カイゼン（Kaizen）」という言葉が英語にもなって海外で広く使われているように、「改善」は日本の企業、

図表0－1 求められる変化の度合い

変革 ＞ 改革 ＞ 改善

■ 世の中は変わっていきます。その中で自社だけ変わらないでいるわけにはいきません。では、どの程度変わる必要があるのでしょうか？

改善：現状あるものを少し良くすること

改革：現状あるものを大幅に良くすること、または変えること

変革：現在あるものを大きく変えること、またはまったく新しいものにしてしまうこと

特にメーカーのお家芸です。トヨタ自動車は、この改善を全社員が日々積み重ねて世界トップクラスの自動車メーカーになりました。このように、「改善」はみんなが取り組めることなのです。

次に「改革」ですが、これは「変革」との違いで対比するとわかりやすいと思います。「ゴーンによる日産の改革」と言われるように、カルロス・ゴーンが行ったことは「改革」に相当します。日産自動車では、日本人経営者の下では、毎年のように赤字となり、会社経営が立ちゆかなくなりました。そこで、外資に出資とともに経営者派遣を依頼し、「NRP（日産リバイバルプラン）」という中期経営計画を作って改革を断行しました。その後、主力の自動車ビジネスで再び利益が出るようになり、さらに競争力が発揮できるようになったのは周知の事実です。

一方、「変革」の事例としてわかりやすいのは、富士フイルムです。富士フイルムでは、デジタルカメラ化の流れによって主力の写真用フイルムがなくなってしまう危機に直面しました。事実、世界最大のフイルムメーカーであったコダックは倒産してしまいました。当時富士フイルムの社長であった古森重隆さんは、富士ゼロックスを子会社化したり、イメージ処理装置の方にシフトしたり、医薬品メーカーを買収するなどしてグループを大きく変え、会社を存続させるだけでなく、再び成長軌道に乗せたのです。これが「変革」です。

このように、本書では本業が変わってしまうような変化を「変革」とし、本業がそのままの「改革」と、本業すら変わってしまう「変革」とで使い分けることにします。

なお、「改善」と「改革」間にも大きな溝があることを知っておく必要があります。変化への対応として「改善」で済むのであれば、通常の活動の範囲内での対応が可能ですが、「改革」となると、これまでとは違う考え方や方法をとる必要があるのです。日産自動車がカルロス・ゴーンの手腕・手法に頼らざるを得なかったのが典型的な例です。

通常、企業では「予算」といって1年間の計画を立てます。しかし、予算はこれまでの延長線上で「このままいくとこれぐらいの売上になりそうだ」とか、「これぐらい利益が出そうだ」という予測・推測を中心とした作り方をしますので、「改善」程度の内容しか織り込むことができなくなるのです。

それに対して、「変革」や「改革」が必要な場合、単年度では取り組みが難しいため、3年から5年の中期経営計画を立案して取り組むことになります。世の中には中期経営計画不要論もありますが、もし皆さんの会社で改革や変革を求められるようであれば、そのプランを中期経営計画として立案し、実行する必要があります。

では、どのような分野で「改革」や「変革」が必要なのでしょうか。これには、**図表0-2**に示すように、6つの分野があります。

1つ目は「事業分野」です。会社が儲からなくなってしまったり、成長が止まってしまった場合には、本業のビジネスモデルを変えるとか、新規事業やM&A等で新たな成長を目指す必要があります。

2つ目は「組織分野」です。機能別組織を事業部制や持ち株会社制等へ組織構造を大きく変えたり、権限移譲や会議体を見直したり、組織の運営方法や意思決定方法を大きく変える方法があります。

3つ目は「人事分野」です。戦後長らく続いてきた職能資格制度を見直し、能力や実績に応じて処遇するようにするとか、人材の採用や育成方法を見直す等のテーマがあります。海外で活躍できる人材を増やすとか、女性が活躍しやすい職場や働き方に改めたり、外国人雇用を増やしたりというものも、この分野です。

４つ目は「財務分野」です。借入金依存度を下げるとか、遊休不動産を処分するとか、在庫や資産の持ち方などバランスシートの構造を大きく変えるなどがあります。

図表0－2 変革・改革の対象分野

変革・改革の対象分野

- (1)事業分野：ビジネスモデルの変革・新規事業の創出等
- (2)組織分野：組織構造・責任と権限・意思決定方法等の変革・改革
- (3)人事分野：人事制度、人材活用、人材育成、人材採用等の変革・改革
- (4)財務分野：財務構造、財務体質の変革・改革等
- (5)業務分野：ビジネスプロセスの革新・組み替え等
- (6)IT分野：IT基盤・アプリケーションの再構築等

５つ目は「業務分野」です。最新のＩＴ技術などを使って、先進国の中でも効率が悪いと言われるホワイトカラーの生産性を押し上げる等があります。

最後の６つ目は「ＩＴ分野」です。近年では、ＡＩやＩｏＴ等の先進のＩＴ技術が実用化してきていますので、それらを使って自動で作業や業務処理が行われるようにしたり、自宅やリモートで仕事ができるようにしたりする分野が考えられます。

以上、６つの分野を紹介しましたが、いずれの分野の改革や変革が必要かは、企業・組織によって違いますので、自社で必要な分野を取り上げ、どのように変えていったらいいかを検討するとよいでしょう。

・組織変革の８ステップ

ここで、改革や変革を行う場合にはどのような

ステップを経る必要があるかをご紹介しておきましょう。

改善は「現状あるものを少しずつ良くする」ということなので、現状から出発することができますが、改革や変革が求められる場合、「このままではいけない！」という現状否定から入る必要があります。

ここでは図表０－３に示す、アメリカのハーバード大学ビジネススクールの名誉教授であるジョン・P・コッターの『企業変革力』で述べられている８つのステップが参考になります。

最初のステップは「危機意識を生み出す」です。人間誰しも今のままで変わらない方が楽ですから、考え方も仕事もなるべく変えたくないと思っています。ですから、最初に「このままではいけない」「変わらなければいけない」とみんなが思えるようにしなければいけません。このステップがうまくいかないと、次のステップに進めません。

2番目のステップは「変革を進めるための連帯」です。「このままではいけない」と感じているだけでは何も変わりません。「ではどうしたらいいのか」ということを問題意識の高い人たちで相談する必要があります。それが変革や改革を進める

図表０－３ 組織変革の８ステップ

1. 危機意識を生み出す
2. 変革を進めるための連帯
3. ビジョンと戦略を作る
4. ビジョンと戦略を周知徹底する
5. 従業員の自発を促す
6. 短期的な成果の重要性
7. 成果を活かしてさらに変革を進める
8. 新しい方法と企業文化

ための「連帯」なのです。日産自動車の場合には、「クロスファンクショナルチーム（CFT）」を結成して検討を行っています。

3番目は「ビジョンと戦略を作る」です。これが中期経営計画に相当します。日産の場合は、前述した日産リバイバルプランをCFTを中心にして作りました。

4番目は「ビジョンと戦略を周知徹底する」です。中期経営計画の発表と伝達がこれに相当します。ここまでで前半が終了です。

中期経営計画を立案するまでであれば、以上の4ステップでいいのですが、実行して成果を挙げるとなると、それ以降の4ステップも必要となります。

5番目は「従業員の自発を促す」です。改革・変革には、公表した中期経営計画に基づいて、受け身ではなく、自分から改革・変革行動を提案したり、実行したりする必要があります。「実はこう思っていました」といった提案を、社内から提起してもらうのです。

6番目は「短期的成果の重要性」です。長らく成果が出ないでいると、それが必要なことだとは思っていても、「本当にこれでいいのか？」という疑念が湧いてきます。こうした小さな疑念が発端となって、改革・変革が停滞したり頓挫したりしてしまうのは、避けなければなりません。そのためにも、早い段階で目に見える成果を出せるようにすることが重要なのです。

7番目は、「成果を活かしてさらに変革を進める」です。短期的な成果が出せると、「このまま進めても大丈夫なのだ」という安心と自信が芽生え、活動に勢いがついてきます。

最後は「新しい方法と企業文化」の形成です。変革・改革活動を続けていると、現状を変えていくことに抵抗感が少なくなり、古い価値観と方法が新しい価値観とその方法に置き換えられてきます。それを続けていくことで、新しい方法と企業文化が生まれてくるのです。

まさしく日産の改革はこのように進み、日本の大企業の改革事例としては特筆すべき事例となったのです。

その後、多くの日本企業経営者がこの手法をまねていきました。コッターの説は主に欧米の企業・組織を分析対象にしていましたが、日本でこのようなことが実現できたことにより、洋の東西を問わずそれが適用できることが実証されました。

皆さんの会社で改革や変革の必要が生じた場合も、この8ステップを経ることとなります。

改革・変革は、成功すればその果実も大きいものですが、一方で失敗するリスクもあります。過去、多くの企業や経営者が失敗し、表舞台から消えていったこともまた事実です。とはいえ、大きく変わらなければならないのに変えられないままでいる企業は、やがて世の中から取り残され、退場させられる運命を待つしかありません。どちらの道を選ぶかは、経営者次第です。

このように改革・変革はリスクも高いため、成功するためのメソッド、思考法とノウハウ・スキルが必要となります。

それらは大きく分類すると、今述べた「変革・改革思考」のほかに、**図表0-4**に示すように望ましいビジョン設定や的確な戦略立案を行える「ビジョン・戦略思考」や新規事業に必要な「創造思考」、組織を構成員の考え方を含め大きく変えていく上で必要な「マネジメント・リーダーシップ思考」などがあります。

図表0-4の「オペレーション思考」と「改善思考」は、通常業務を行っていても身につけられますが、それ以外の思考法は意識して学び、体験を通じて習得していかないと身につかないものばかりです。それは、戦《いくさ》を行ううえでは兵法の知識が必要なのと同じことです。

図表0－4 求められる思考法の違い

#	区　分	対象層とアプローチ	内　容	必要な知識・思考フレームワーク
6	ビジョン・戦略思考	・経営者～事業・部門責任者・企画担当 ・トップダウンが必要	・望ましい将来像や高い目標設定を行い、それを実現する戦略を立案し、計画に落とし込み、実行する	・ビジョン戦略立案FW、3C分析、SWOT分析、ファシリテーションスキル等
5	創造思考	・新たな市場や顧客ニーズを捉え、新商品や新サービス、新しいビジネスモデルを創造し、実現していく	・発想法、マーケティング知識、調査・分析力、ビジネスモデル、戦略発想、事業収支、事業計画書作成、アントレプレナーシップ等	・新規事業の企画・提案・推進者に求められる
4	変革・改革思考	・経営者～マネージャー ・トップダウンが必要	・現状のビジネスプロセスや、営業・生産方法、事業所、要員体制、組織等を大幅に見直したり、製品・サービス内容を大幅に改善する等	・論理思考、ゼロベース思考、全社的・経営的な視点、問題解決法と課題解決法、ベンチマーキング等
3	マネジメント・リーダーシップ思考	・リーダー層、マネージャー層以上	・業務と人・組織の両面をマネージすることで、効率や成果を最大化 ・リーダーシップを発揮し、高い目標にチャレンジしていく	・全体的視点、目標設定、PDCA、役割分担、雰囲気作り、報連相、モチベーション、チームワーク、指導・育成、率先垂範等
2	改善思考	・現場の担当者・マネージャー ・ボトムアップで実行可能	・問題点やボトルネックを見つけ、解決することにより品質や生産性を上げる	・三現主義、目の付けどころ、問題解決法、QC7つ道具、ISO、5S等
1	オペレーション思考	・現場のマネージャーと担当者に必須 ・現場で実行	・業務を回す、こなす ・必要な数量を求められる品質で、納期通りに間に合わせる	・業務に求められるQCD、業務知識・スキル、要員数、機械の能力・メンテ、業務ができる人材育成、コスト意識等

必要に応じてこの本の中でも紹介していきますので、ぜひ学んでみてください。

▼(2) コーポレート・ガバナンス・コードによる要件

株式公開企業は、東京証券取引所が定めた「コーポレート・ガバナンス・コード」に準拠するよう求められています(2015年制定、2021年に改訂)。

このコーポレート・ガバナンス・コードは、5つの基本原則からなっています。

①株主の権利・平等性の確保
②株主以外のステークホルダーとの適切な協働
③適切な情報開示と透明性の確保
④取締役会等の責務
⑤株主との対話

このうち、④と⑤で中期経営計画や経営目標に関わる原則が述べられています。

【補充原則4－1②中期経営計画】

取締役会・経営陣幹部は、中期経営計画も株主に対するコミットメントの一つであるとの認識に立ち、その実現に向けて最善の努力を行うべきである。仮に、中期経営計画が目標未達に終わった場合には、その原因や自社が行った対応の内容を十分に分析し、株主に説明を行うとともに、その分析を次期以降の計画に反映させるべきである。

【原則5－2. 経営戦略や経営計画の策定・公表】

経営戦略や経営計画の策定・公表に当たっては、自社の資本コストを的確に把握した上で、収益計画や資本政策の基本的な方針を示すとともに、収益力・資本効率等に関する目標を提示し、その実現のために、事業ポートフォリオの見直しや、設備投資・研究開発投資・人材投資等を含む経営資源の配分等に関し具体的に何を実行するのかについて、株主に分かりやすい言葉・論理で明確に説明を行うべきである。

図表0−5 中期経営計画の3大要素

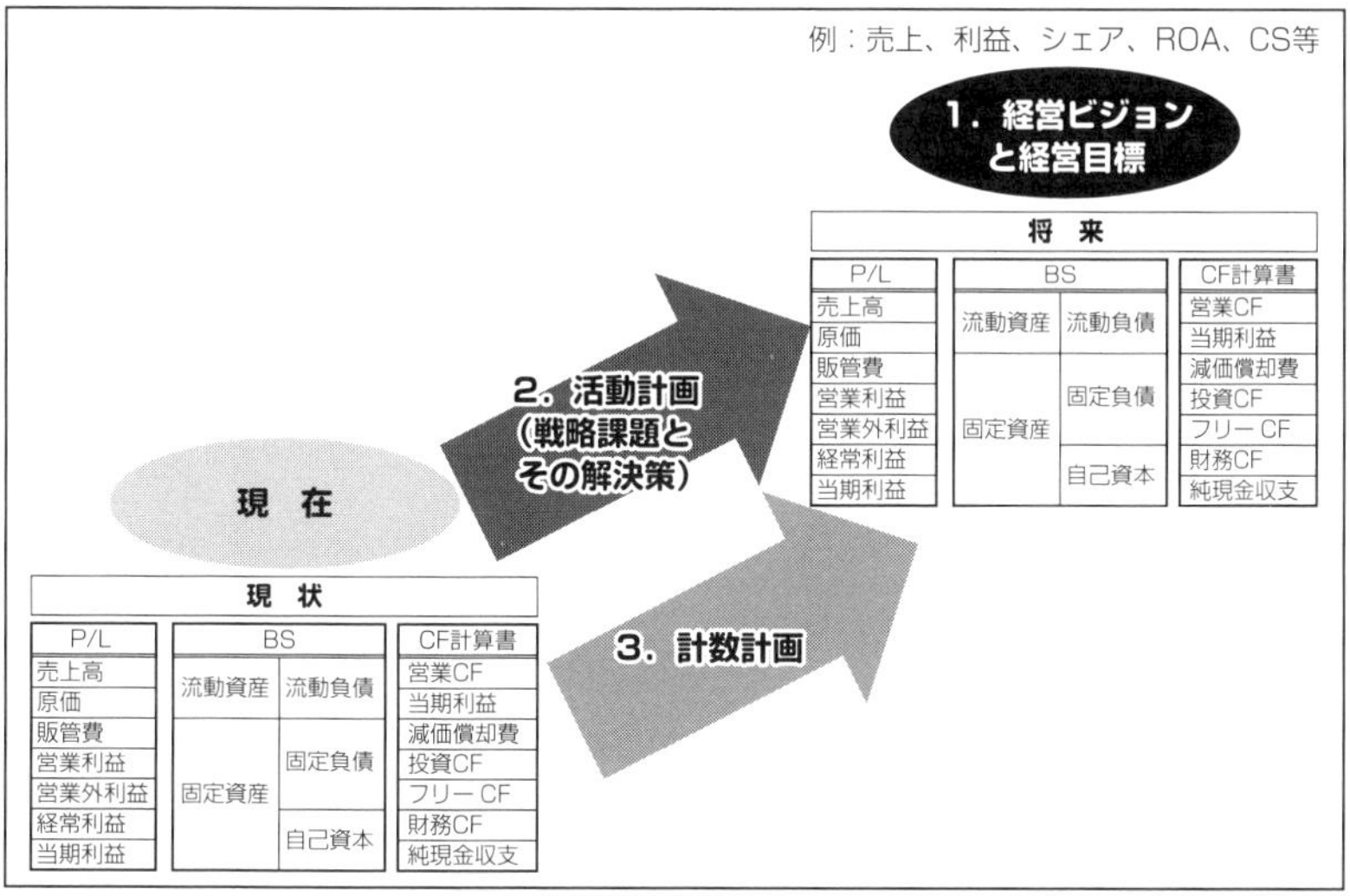

これらのことから、中期経営計画を株主に対するコミットメント（必達目標）として捉え、作りっぱなしにせず、事後の振り返りが必要であること、経営目標としては、利益目標だけでなく資本効率も開示する必要があることがわかります。資本効率を表す指標としては、ROAやROEが考えられます。

(3) 中期経営計画の3大要素

中期経営計画には、細かく分けるといろいろな要素がありますが、大ざっぱには3つの要素に分けられます（図表0−5）。

1つ目は「経営ビジョンと経営目標」です。将来どのような会社・組織を目指すのかということを、定量・定性両面で打ち出していきます。なお、定量的な側面は売上高や利益目標に代表される経営目標を指し、定性的な側面は「○○業界世界一」等の経営ビジョンを指します。

かつては売上高などの定量目標しか提示しない会社がありましたが、定量目標だけではどのような会社になりたいのかが伝わりません。このため、定性的な目標である経営ビジョンも必要となるのです。

2つ目は戦略課題とその解決策という意味での「活動計画」です。経営目標や経営ビジョンを達成するために、作戦としての戦略が必要です。「新たな成長を期すために新規事業に参入する」であったり、「そのためにM&Aを行う」といったものはそうした戦略の例です。その作戦を戦術として具体化したのが活動計画となります。

3つ目が「計数計画」です。経営目標に到達するために「各年度別にどれだけ売上高を伸ばしていくのか」とか「どれくらい粗利益率を改善していくのか」「どれくらい販売管理費を抑えて利益を出していくのか」「どの程度純資産を増やして安全性を高めていくのか」といった数値面での計画をいいます。

中期経営計画というと経営目標と計数計画しか示さない企業が今でもありますが、それでは「どのような会社になりたいのか」という経営ビジョンや、「どうやって達成するか」という戦略や活動計画がないことになり、重要な要素を欠く中期経営計画となってしまいます。きちんと3大要素が備わったものを作りましょう。

(4) 中期経営計画に求められる10大目次

今述べた中期経営計画の3大要素をドキュメントとして整備し、発表しようとすると、図表0-6に示すような10大目次となります。スタッフに余裕がある大企業では、これらの目次を揃えて対外発表するところも見受けられます。

一通り見ていきましょう。1番目は「前中期経営計画の振り返り」です。コーポレート・ガバナンス・コードでも求められているように、新しい

図表0-6 中期経営計画に求められる10大目次

1．前中期経営計画の振り返り
前中期経営計画の目標達成状況と課題

2．経営ビジョン関連テーマ
将来、自社が目指す姿、他社との違い

3．業績向上関連テーマ（経営目標・売上げ・利益関連項目）
自社グループ全体、単体、事業別等の区分で経営目標と戦略を明らかにします

4．事業戦略関連テーマ
経営ビジョン、業績目標を達成するために取る事業戦略を示します

5．顧客価値・ブランド向上関連テーマ
顧客価値をどのように上げていくか、企業ブランドをどう向上していくかを示します

6．財務構造改革関連テーマ
有利子負債の圧縮、投資資金の調達など財務面での改革の方向性を示します

7．投資関連テーマ
どのような分野に、どの程度の規模で投資を行い、それをどの程度の期間で回収する計画かを示します

8．組織戦略関連テーマ
ビジョンと戦略を実現するために組織をどのように変えていくかを示します

9．機能別戦略関連テーマ
営業・開発・製造・管理等の組織機能ごとの重要な改革テーマと目標を示します

10．CSR関連テーマ
環境問題、コンプライアンス、セキュリティ等企業として求められる社会的責任を果たすために取っていく施策を示します

中期経営計画を立案する前に、それ以前の計画がどうであったのか、所期の成果が得られたのか、やるべきことがやれたのか、できなかったことは何か、なぜそうだったのか、今後何が課題となるのか等を整理して振り返っておく必要があります。うまく取り組めなかったことはその会社の「弱み」でもある可能性もありますので、そういう点が見つかったら、その弱みを克服できるような課題設定と取り組みを行うよう次期中期経営計画に反映させるべきです。

2番目は「経営ビジョン関連テーマ」で、先に述べた3大要素のうちの定性目標部分となります。

3番目は「業績向上関連テーマ」、つまり経営目標と定量目標を打ち出すことです。

4番目は「事業戦略関連テーマ」です。経営ビジョンや経営目標を達成するために事業別にどのような戦略を講じるのか、具体策は何なのかを論

じます。

5番目は「顧客価値・ブランド向上関連テーマ」です。B2B・B2Cに関係なく、どのように顧客にとっての価値を高め、社名や商品名といったブランド認知度やイメージを高めていくのかを明確化します。

6番目は「財務構造改革関連テーマ」です。有利子負債の圧縮や投資資金の確保方法等財務的な課題・取り組みを論じます。

7番目は「投資関連テーマ」です。事業戦略と関連づけて、どのような事業や分野にどのような投資を行うのかを明確化します。

8番目は「組織戦略関連テーマ」です。組織構造や組織運営方法をどのように変えていくのかということを論じます。

9番目は「機能別戦略関連テーマ」です。営業や開発・生産・管理などの機能別組織ごとの戦略を打ち出します。

最後は「CSR関連テーマ」です。環境問題、コンプライアンス対応、セキュリティ強化などのテーマがありますが、企業によっては、CSRレポートなどで代替するケースが見受けられます。

これら10大目次はすべて揃っていなければならないということではなく、業種や企業規模、あるいは時宜に応じて加えたり割愛したりすることができます。基本的には3大要素が最低限揃っている必要があります。

▼(5) 中期経営計画策定を成功させるための要素

中期経営計画を策定すること自体にある程度の時間と労力が必要となります。このため、この策定作業を成功させるためには、**図表0−7**に示すようにいくつかの要素を揃える必要があります。

1つ目は「トップのコミットメント」です。会社や組織を大きく変えていこうとする場合、経営

図表0－7 策定を成功させるための要素

1．トップのコミットメント

2．参加メンバーの顔ぶれとやる気

3．立案フレームワークと進め方

4．各パートで求められる要素スキル（データ収集・分析等）

5．全体のコーディネーション

者や組織のトップが本腰を入れて取り組む必要があります。「経営企画にお任せ」というような策定方法ではなく、トップ自らがビジョン・目標設定や戦略立案に主体的に関わらなければなりません。

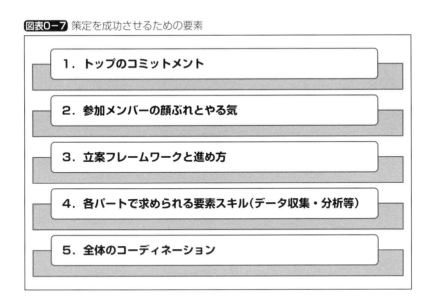

2つ目は「参加メンバーの顔ぶれとやる気」です。時に策定プロジェクトに仕事が暇な人があてがわれることがありますが、まったくもって論外です。仮に彼らが選ばれた場合、プロジェクトミーティングで彼らが問題として取り上げるのは職場や上司の不満ばかりです。当然プロジェクトの雰囲気は悪くなり、将来を語るどころではなくなってしまいます。

仕事はできる人に集まる傾向があります。ですから、できる人ほど策定プロジェクトに関わり、この会社をどうしたらいいのか、またどのようなことに取り組んだらいいのかについて積極的に発言してもらうべきです。一方で、せっかく実力のある人たちに集まってもらっても、「検討するだけ」とか「提言しても取り入れられない可能性がある」といったことがあると、負担感ばかりが増し、やる気が出なくなってしまいます。このため、実力のあるメンバーによる真剣な議論の結果が取り入れられるようにする必要があります。

また、社内にうるさ型の古手の役員がいるケースがありますが、そういう人を疎んじていると、最後の方でちゃぶ台返しを食らう可能性がありますす。途中段階で意見を聞くなどをしておいた方がよいでしょう。

3つ目は「立案フレームワークと進め方」です。中期経営計画は通常3カ月から半年ぐらいで作り上げます。短いようですが途中いろいろな工程がありますので、しっかりした行程表なしに検討を進めると、途中で道に迷って検討がはかどらなくなり、プロジェクトメンバーも業務多忙を理由に参加しなくなります。ですから最初からしっかりしたフレームワーク（枠組み）に基づいて検討を進められるよう、本書で紹介するフレームワークを参考に、自社に合った手順を決めて進めてもらえればと思います。

4つ目は「各パートで求められる要素スキル」を揃えておく必要があるということです。本書で紹介する「ビジョン・戦略立案フレームワーク」では、**図0-8**に示すように①ビジネス環境分析、②ビジョン設定、③戦略策定、④活動・計数計画具体化の4つのパートがありますが、それぞれのパートで求められる知識や要素スキルは異なってきます。その場になってからでは間に合いませんので、あらかじめこれらの知識や要素スキルを学んで身につけておく必要があります。

5つ目は「全体のコーディネーション」です。前出の4つのパートは、会社によって順番が異なる場合があります。自社に適した順番で順序よく進めていくには、ステップバイステップでやり方

図表0－8 ビジョン・戦略立案フレームワーク

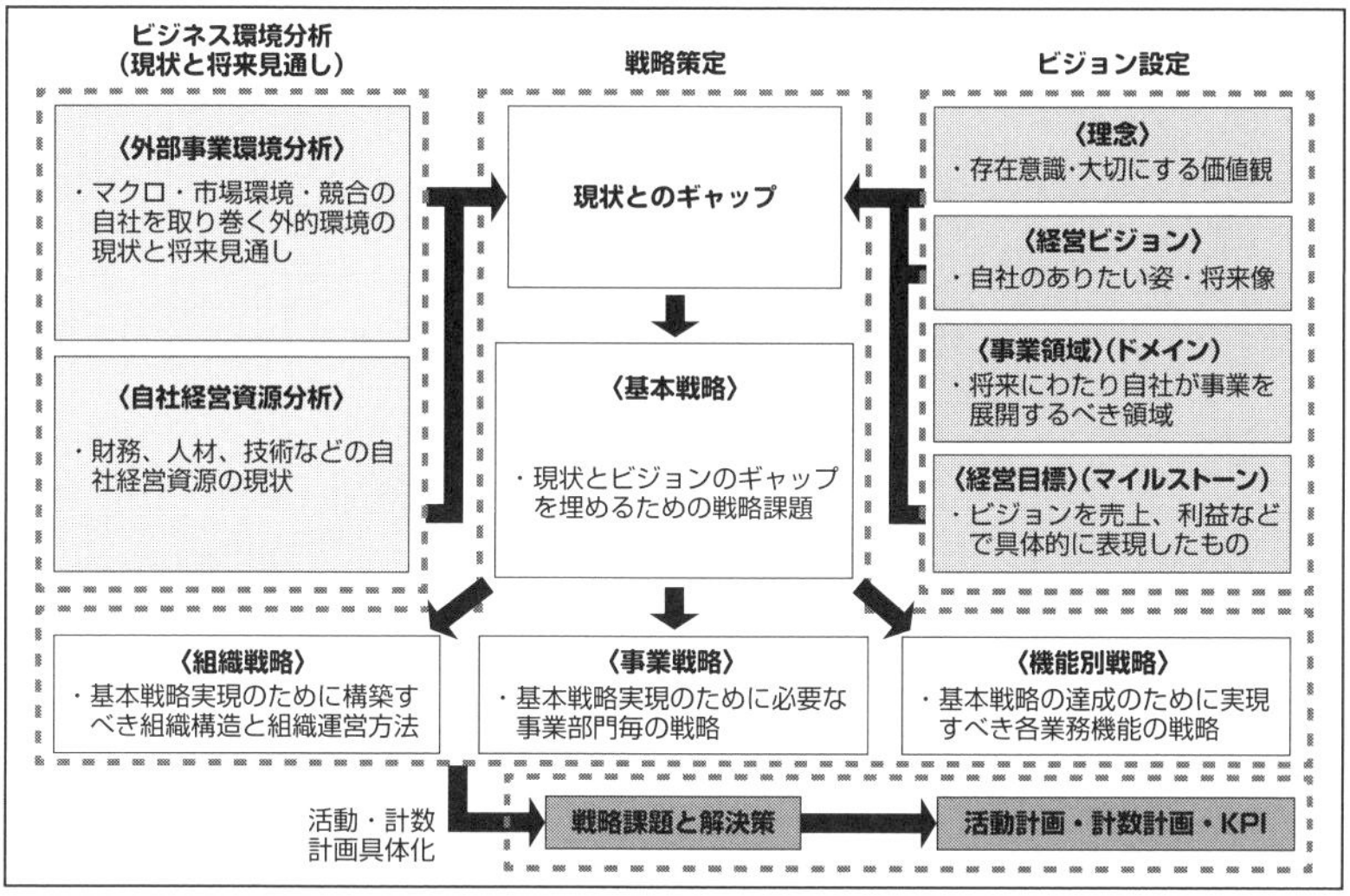

を決めていくのではなく、あらかじめ最初から最後までの行程を決めて取り組む必要があります。そうでないと、途中で難しい局面になった時にプロジェクト内で意見が分かれたり、最悪の場合、頓挫することにもつながりかねません。

これら5つの要素がすべて揃うことで、中期経営計画の策定というプロセスを成功させることができます。

マンガのストーリーでは、2つの異なるタイプの会社がそれぞれ違った進め方をしていきます。それぞれの進め方で難しい点や留意点などを紹介していきますので、自社で進める際の参考にしてください。

▼(6) 各パートで求められる知識・スキル

ここで、各パートで求められる・スキルを簡単に見ておきましょう（図表0－9）。

図表0−9 各パートで求められる知識・スキル

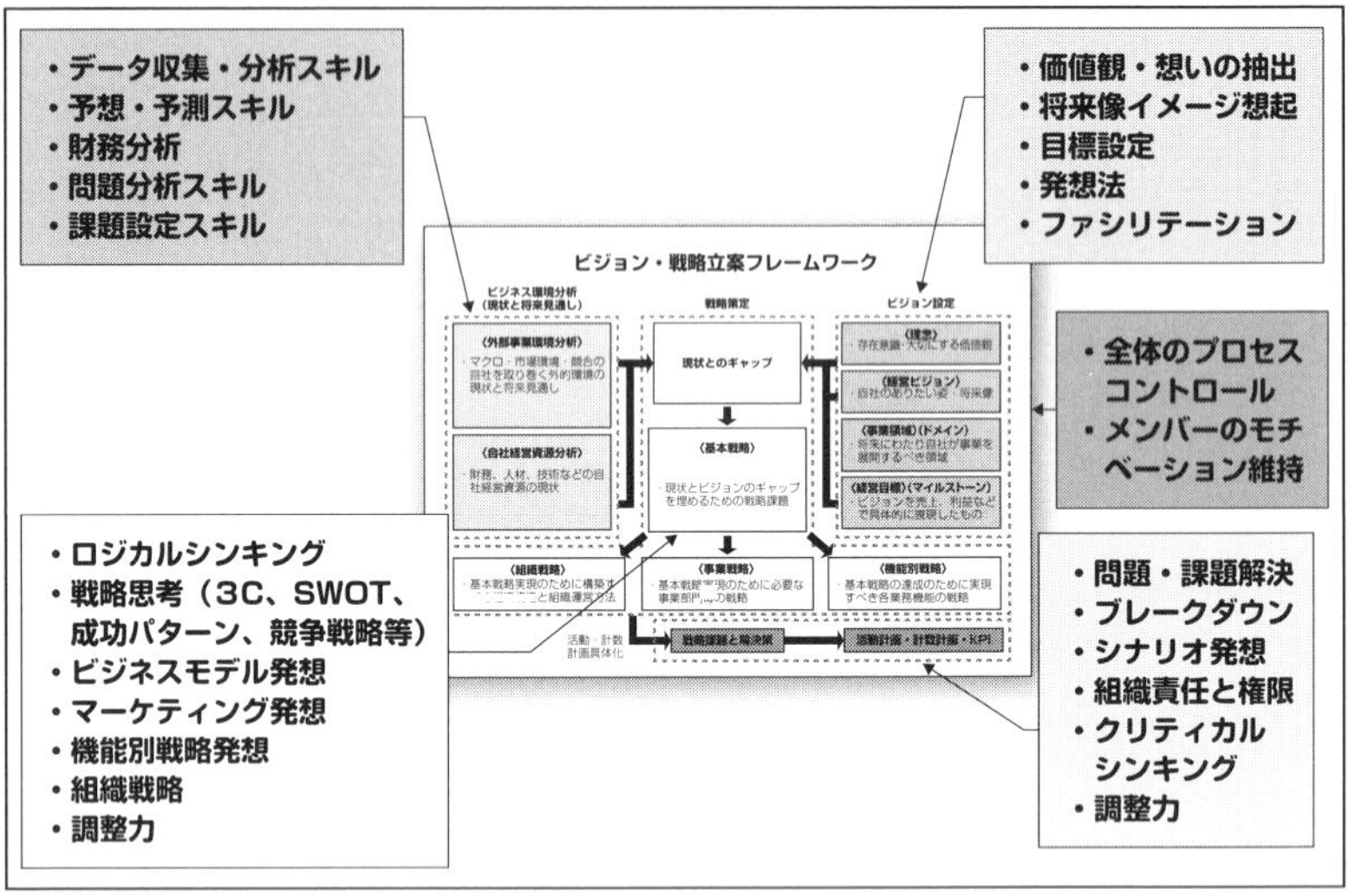

①ビジネス環境分析パートでは、データ収集や分析スキル等の分析的な知識やスキルが必要です。スタッフの方々は比較的このパートは得意でしょうが、ただやみくもに情報収集しても、何が重要な情報で何に基づいてどのような判断や課題設定を行うのかということがわかっていないと、情報やさまざまな意見の海に投げ出されて溺れてしまいかねません。

例えば、プロジェクトメンバーに職場や仕事の問題点を出してもらいます。そうすると、本人の不平不満をはじめいろいろな事柄が上がってきます。事務局としては、それらを整理して、重要性や緊急性に基づいて課題設定を行う必要があります。**マンガのストーリー**では、山本電機の人たちがそのような局面に出くわします。

②ビジョン設定パートでは、図表0−9に見られるように価値観や想いの抽出や、目標感の違いの調整等、主にファシリテーションスキルが重要

になります。

例えば経営目標を設定するということについて、5人に聞けば5つの違った意見が出てきます。最終的には社長に決めてもらうという方法もありますが、社長にも根拠となる判断材料が必要です。このように皆さんから考えや意見を引き出しながらまとめていく手法を「ファシリテーション」といいます。この手法を身につけていないと、このパートをうまくまとめることは難しいです。

③**戦略策定パート**は、戦略やビジネスモデルに関する知識やロジカルシンキングといったスキルがカギとなります。

戦略類型については、戦略策定パートで解説していますので、参考にしてください。

④**活動・計数計画具体化パート**では、戦略を戦術に落とし込んだり、計画化するなど、ブレークダウンスキルが重要となります。

どんな戦略も最終的には業務として実行される必要がありますから、「戦略課題→課題解決策→施策→計画」のようにブレークダウンしていきます。

(7) 現状分析先行型かビジョン先行型か

将来像や目標を設定する方法に、「現状分析先行型アプローチ」と「ビジョン先行型アプローチ」の2つの方法があります（図表0－10）。

現状分析先行型アプローチは「フォーキャスティング型アプローチ」ともいいますが、最初に現状を分析し、その問題点や課題を抽出し、解決策を検討した上で、解決策を実行したらどこまでたどり着けるかという将来像や目標を設定します。この発想方法は誰でもできる発想方法なので、理解はしやすいのですが、目標が低くなったり、夢のない将来像となりやすいという難点がありま す。

一方、ビジョン先行型アプローチは「バックキャスティング型アプローチ」ともいいますが、最初に望ましい将来像や目標を検討・設定するところに大きな違いがあります。最初に目標設定した上で現状に戻り、そのギャップを分析し、どうしたらそのギャップを埋められるかを検討します。この発想方法の特徴は、ありたい姿先行で高い目標設定や大きな夢が描けるということが挙げられますが、単なる願望や実現方法の見つからない目標の場合は、夢物語に終わってしまう可能性があります。

世の中の9割以上の人はフォーキャスティング型の発想に頼り、バックキャスティング型の発想をしません。むしろ高い目標を設定することを躊躇します。目標を達成できずに残念な思いをしたり、上司から叱られりすることを嫌うからです。また、高い目標設定を行うと、その分仕事は大変になります。大抵の人は大変な思いをしたくない

図表0-10 現状分析先行型とビジョン先行型

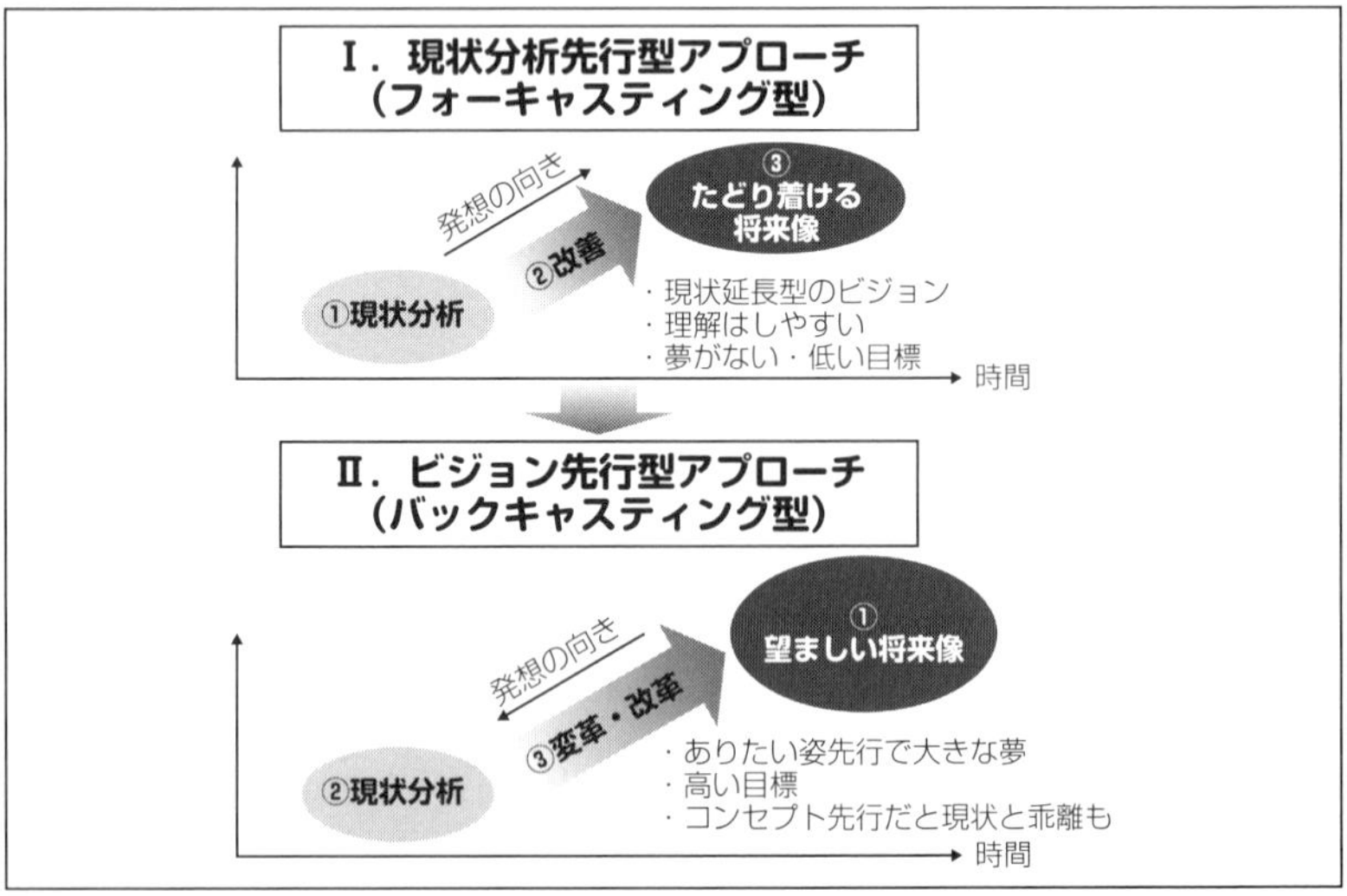

ので、低い目標設定に甘んじようとします。こうした人のメンタリティーを挙げれば「失敗したくない」「楽をしたい」「叱られたくない」「断られたくない」「責任を取りたくない」といったものとなります。

一方、バックキャスティング型で成功してきた企業や経営者を見ると、トップ自身がバックキャスティング型で発想し、大多数であるフォーキャスティング型の人たちや組織を引っ張ってきていることが少なくありません。

とはいえ、先に見たように、世の中が変化する中で自社に改革や変革が求められる場合は、このバックキャスティング型で発想する必要があります。改善で済む場合には、みんながてきるフォーキャスティング型発想を使って計画を立案し、進めていくことで問題ないのですが、改革や変革を断行しなければいけない場合には、難しい問題に直面することになります。

(8) 策定フローを確認する

バックキャスティング型で中期経営計画を立案する場合は、図表0－11のとおり、②ビジョン設定パートから始まり、①ビジネス環境分析→③戦略立案→④活動・計数計画具体化の順に進めていきます。一方、フォーキャスティング型で立案する場合は、①ビジネス環境分析から始めることになります。

マンガのストーリーで、大和貿易はバックキャスティング型で進め、山本電機はフォーキャスティング型で進めることになりました。フォーキャスティング型で進める場合にも、①→②→③→④の分析先行型1と、①→③→②→④の分析先行型2の2つのパターンがあります（図表0－11参照）。

このように見てくると、経営者のタイプと求められる変化の度合いによってどちらの手順で進め

図表0−11 策定フローを確認する

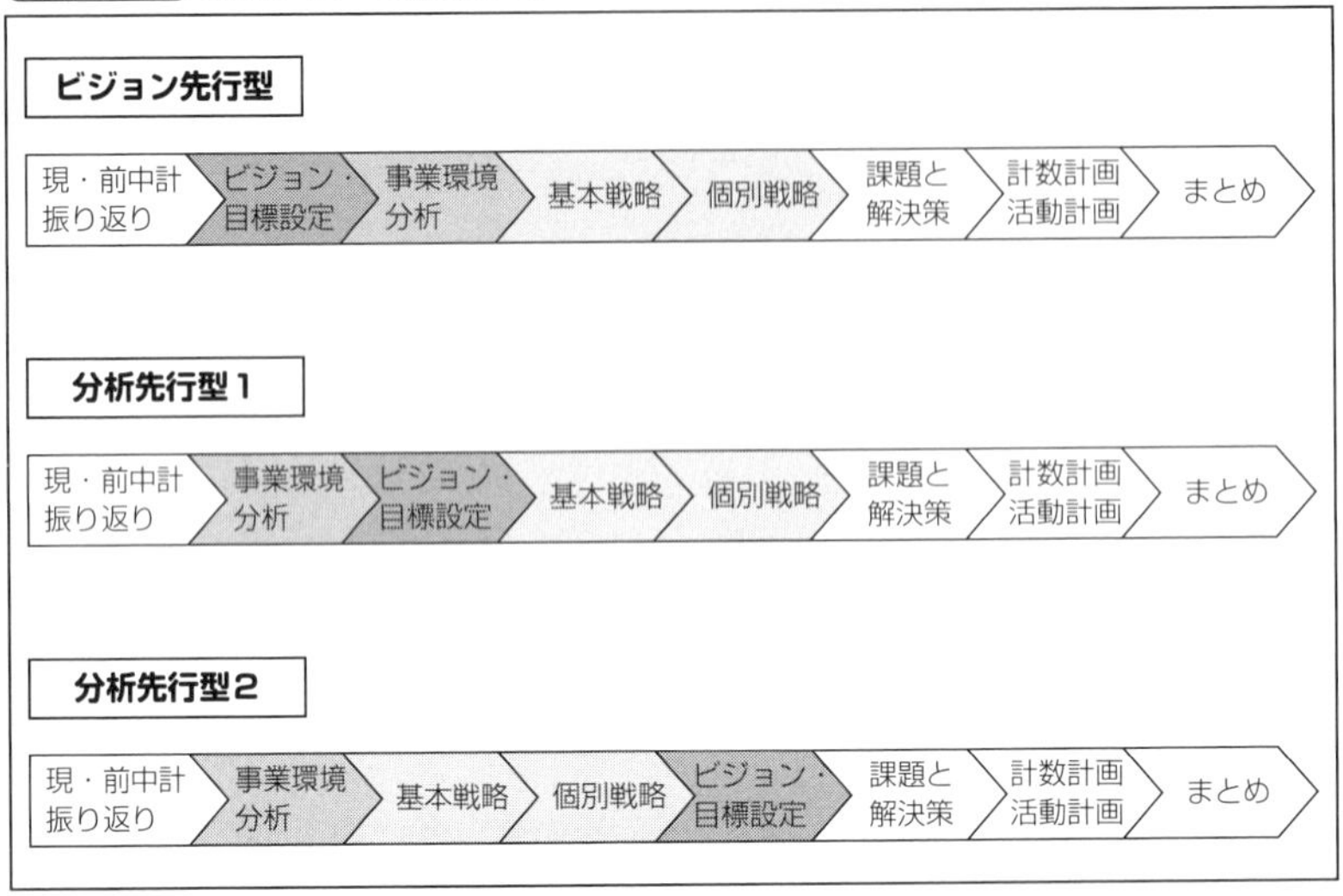

るかが決まってきますが、難しいのは経営者の発想がフォーキャスティングタイプなのに、求められる変化が改革・変革の場合です。経営者のタイプに合わせるのか、求められる変化に応じて経営者に発想方法を変えてもらうかを選択する必要があります。

バックキャスティング型発想を行える人は世間一般では1割以下ですが、優秀な営業マンなど、バックキャスティング型発想で仕事ができる人に聞いてみると、後天的に身につけた人が大半だということがわかります。ですから、今はフォーキャスティング型の発想しかできない人でも、バックキャスティング型発想を身につけて取り組むということは可能なのです。

自社の状況、経営者の受容度に合わせて策定フローを選んでいきましょう。

▼（9）策定方法と体制

中期経営計画を策定する方法には、大きく分けて4種類があります。

①プロジェクト方式

　これは、経営企画担当役員等がプロジェクトリーダーとなり、社内各部門から部課長クラスがメンバーとして参加し、キックオフから何ヶ月かかけてプロジェクト原案を策定し、経営会議または社長に提案する方式です。社長は「プロジェクトオーナー」という位置づけです。私が指導する場合には、多くがこの形式です。**マンガのストーリー**では、大和貿易がこの方式です。

②現行組織中心方式

　これは、役員以上の経営陣で現状分析～ビジョン設定～基本戦略策定までの前半部分の検討を行い、それ以降の後半を各部門の部課長クラスが個別戦略から活動計画までを具体化する方法です。前半・後半での役割分担となっていますので、社内で進める場合にはこのような方式もあり得るでしょう。

③経営企画中心方式

　これは、経営企画が事務局となり、ポイントごとに経営者・トップの意向や考え方を確認しながら事業部や各部門に内容記入や具体化を求め、取りまとめていく方式です。

　社長の意向に沿った経営計画はできますが、各部署間の議論が不足する傾向にあり、納得性や実現性に難点が残ります

マンガのストーリーでは、山本電機はこの方式とプロジェクト方式のミックス方式で行っています。

④合宿研修方式

　これは、ベンチャーや比較的小規模の企業の経営陣や部門長が週末などに定期的に集まり、合宿検討を繰り返しまとめていく方式です。相互信頼関係があって、参加者が気兼ねなく積極的に発言できるような雰囲気がある会社なら効果的でしょう。

・ファシリテーションの必要性

日本人は序列やメンツを重視するため、議論を避ける傾向があり、会議を開いても黙りこくって討議が盛り上がらないことがあります。

以前、中期経営計画のファシリテーションを依頼された会社では、社長が役員を集めて議論させようとしたのですが、みんな黙ってしまってうまく行かなかったので、ファシリテーションをしてほしいと相談されたのです。そこで、ワークショップの実施にあたってきちんとフレームワークを与え、少人数でグループ討議ができるようにすると、別人のように活発な議論が行われたのです。脇で聞いていた社長も喜んでいらっしゃいました。

中期経営計画は、予算などと違い、これまでと違う考え方やアプローチをとる必要性をみんなで議論し共有する必要があるため、きちんと全員が自分の考えを持ち、発言し、議論を戦わせ、合意できる合理的な結論を導き出す必要があります。このため、参加者の議論を促すようなファシリテーションができるファシリテーターが必要となります。社内で議論をさせたいと思ったら、まずファシリテーションスキルを身につける必要があります。

▼(10) 策定スケジュール

策定スケジュールは、通常3カ月から6カ月ぐらいの間で組みます。

ただし、その手順はビジョン先行型か現状分析先行型かで異なってきます。**図表0−12**に示したのはプロジェクト型で、なおかつビジョン先行型で取り組んだ、大和貿易に近いタイプです。

専任で取り組める人は限られているので、兼任の人も、業務に支障をきたさない範囲で、検討会当日のプログラムに合わせた予備検討や宿題に取り組めるよう、時間的余裕を持たせたスケジュー

図表0-12 スケジュール例――ビジョン先行型かつプロジェクト型の場合

	20○○年									20○○年	
	5月	6月	7月	8月		9月		10月	12月	1～3月	4月
イベント	キックオフ			中間報告				まとめ報告	役員会議		承認
プロジェクト・ミーティング	#1（1日）	#2（2日）	#3（2日）	#4（2日）	#5（2日）	#6（2日）	#7（2日）		社長方針発表	予算作成	新中期経営計画スタート
テーマ	振り返りとシナリオ設定	将来ビジョン設定	ビジネス環境分析	ギャップと戦略	課題と解決策	シナリオと計数計画	統合化&ブラッシュアップ				
検討事項	・進め方 ・過去中計振り返り ・影響大のマクロ要因 ・トレンド予想 ・シナリオ設定	・理念の確認 ・経営ビジョン検討 ・ドメイン検討 ・経営目標検討	・外部事業環境分析 マクロ／市場／競合 ・自社経営資源分析 ・SWOT分析 ・成功パターン	・ギャップ分析 定量／定性 ・基本戦略 ・個別戦略 ・事業 ・機能別 ・組織	・戦略マップとKPI設定 ・テーマ別グループで課題と改革策検討	・テーマ別グループで解決策のシナリオ化 ・計数計画立案（事業部＋事務局）	・#1～#6の成果物を統合化&整合性を取る ・ブラッシュアップ				
検討形式	グループ討議	部門横断的グループ	横断的グループ討議	横断的グループ討議	テーマ別グループ討議	テーマ別グループ討議	事務局案を全体討議				
宿題	シナリオまとめ	#3の事前課題	#4の事前課題	#5の事前課題	#6の事前課題	#7の事前課題	まとめ				

ルを組みます。なお、検討会では少人数グループに分け、グループ討議を行ってもらいます。

▼(11) ワークシートの活用

議論の際にテーマだけを与え、フリーフォーマットで議論してもらうと、論点や検討内容がバラけてしまいます。ホワイドボードに書いてもらう方式で行っても、後でまとめるのが大変です。このため、私は高知と同様に、ワークシートを活用しています。

それぞれのパートごとにワークシートのフォーマットがあり、事前課題や当日の討議でも、ワークシートベースで記入や議論をしてもらいます。そうすることで一定の枠組みの中で議論が行われることとなり、ワークシートに追加したり、修正したり、削除したりすることでブラッシュアップが行えます。

このように、ワークシートを活用することで、生産性が高まるとともに議論も深めることができるのです。

また、経営企画としてまとめる際にも、ワークシートベースで行えば、まとめの手間を省けますし、同じフォーマットでまとめてあれば参加者にとっても見やすい資料となります。本書でもいくつか紹介していきますので、参考にしてください(巻末「**中期経営計画策定用ワークシート集**」参照)。

▼(12) 実行して成果が上がる中期経営計画の作り方

私は、事業会社にいた頃から中期経営計画の策定に携わってきました。そして経営コンサルタントになってからも、さまざまな会社で中期経営計画策定のお手伝いをしてきました。

その後が気になって策定のお手伝いをした会社に伺ってみることがありますが、中には社内でPDCAがよく行われ業績が上がった会社もあれば、中には中期経営計画書が机の引き出しにしまわれたまま活用されてない会社もありました。

総じて見てみると、中期経営計画をきちんと実行した会社はその後業績が上がり、一方で実行できなかった会社は業績が低迷しているという傾向が強かったように感じました。このことから、「どうしたら実行できる中期経営計画が作れるか」という問題意識を持つようになりました。そしてたどり着いたのが、**図表0－13**のような6つのステップです。

① まず、かつての中期経営計画といえば経営目標と計数計画のみの会社が多かったので、「どのようにしてそれを達成するか」ということを表現する活動計画の必要性を訴えました。

② 次に、活動計画を作っても、各部門でバラバラの内容では整合性がとれません。そこで、その元となる戦略をはっきりさせる必要がありま

図表0－13 実行して成果が上がる中期経営計画の作り方

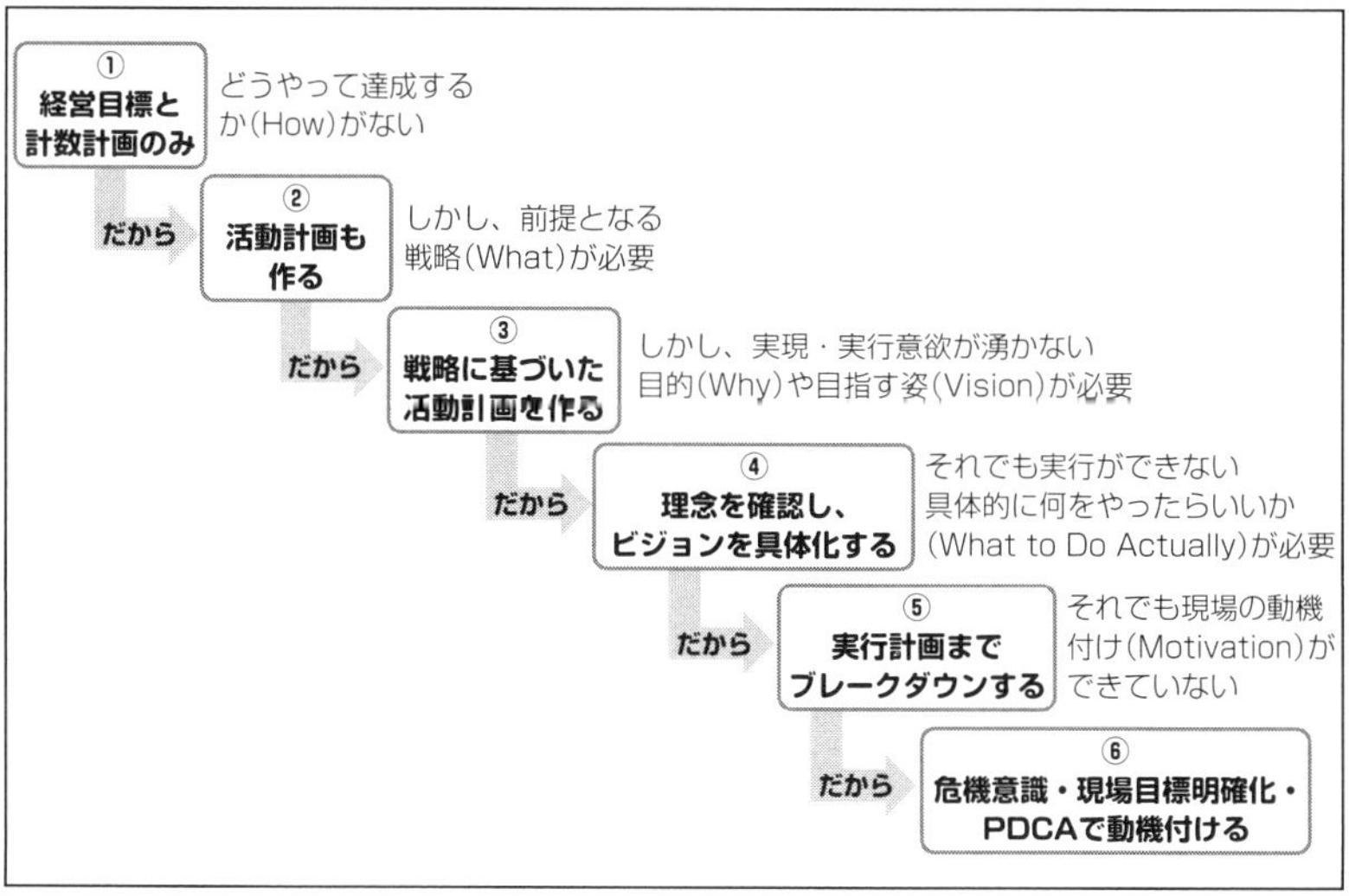

す。このため戦略に基づいた策定を唱えました。

③ ところが、戦略や活動計画を作っても、それに対する実現・実行意欲がないと実行に移さないので、目的（Why）や目指す姿（Vision）を明確化すべきだと感じました。

④ このため事業目的としての理念を明確化し、経営ビジョンを具体化するようにしました。

⑤ その結果、事後訪問した会社の方から、「活動計画どおり進めたいのですが、具体的に何をやったらいいかがわからない」という指摘がありました。そこで、実行計画までブレークダウンすることを提案し、指導しました。

⑥ とはいえ、それでもまだ何かと言い訳を言ってサボる人がいるので、最後は危機意識を持たせたり、現場目標を明確化したり、ＰＤＣＡでフォローしたりしました。そうすることで、ようやく実施でき、成果の上がる計画とすることができたのです。

こうしたことから、中期経営計画は、策定して発表するだけではなく、実行できるものにすること、そのためには実行できるような計画にまで具体化すること、さらには、サボらせないように、実行状況を進捗管理することが重要だということがわかりました。

このように、「作っておしまい」の中期経営計画ではなく、実行して成果が上がる中期経営計画作りを心がけていただきたいと思います。またそのために、どう考えどのようなことに取り組んでいったらいいかをマンガのストーリーと本文解説でご紹介していきますので、参考にしていただきたいと思います。

02 ビジネスモデルを見直し、パラダイムシフト（構造改革）を促す

具体的な分析の前にマクロな視点で捉えておきましょう

（１）大転換の時代――10年後はどうなっているか

常日頃から世界情勢や世の中の変化に気を配っている人ならまだしも、今回新たに中期経営計画の立案を担当することになったような場合には、時間軸・空間軸の両面からマクロ的な大きな変化を捉えておく必要があります。

図表０－14にある今後10年間で起こる大きな変化の項目はあらゆる業種・事業に共通の前提となりますので、その内容と変化による自社への影響を押さえておきましょう。

また、日本企業は、「ものづくり」を得意としてきましたが、パソコンメーカーが儲からなくなってしまったように、ものづくりの「構造」とも

図表０－14 今後１０年間で起こる大きな変化をグローバルな視野で考える

1. 日本の人口減少・少子高齢化
2. 地球温暖化
3. クリーンエネルギーへシフト
4. エネルギー争奪戦
5. 新興国の経済成長と政治力の強まり
6. 新興国での環境問題深刻化と対策
7. 食糧争奪戦
8. グローバル交流の拡大とパンデミックリスク増大
9. 内需型企業の海外進出
10. 日本の経済的・政治的地位のさらなる低下
11. マンガ・アニメ・和食等日本文化の輸出
12. AI（人工知能）・IoTの活用

いうべき製品アーキテクチャーが変わってきていることも理解しておく必要があります（図表0ー15参照）。

つまり、企業を超えた連結がクローズな関係（閉鎖的）で、部品設計の相互依存度が高いインテグラル（擦り合わせが必要）な状態だと、自動車のように組み立てメーカーがリーダーシップを発揮して利益を確保することができるのですが、これがモジュールの組み合わせ（クローズ・モジュラー）でできるようになり、さらに、企業を超えた連結もオープンになってくる（オープン・モジュラー）と、パソコンメーカーの二の舞になってしまいます。一方で、そうした状況でもOSやCPUなど、コアとなる部品で世界シェアを高く取れると状況は一変します。

技術は、クローズ・インテグラルからクローズ・モジュラーへ、そしてさらにはオープン・モジュラーへシフトしていく傾向にあります。日本の自

図表0－15 製品アーキテクチャーの変化

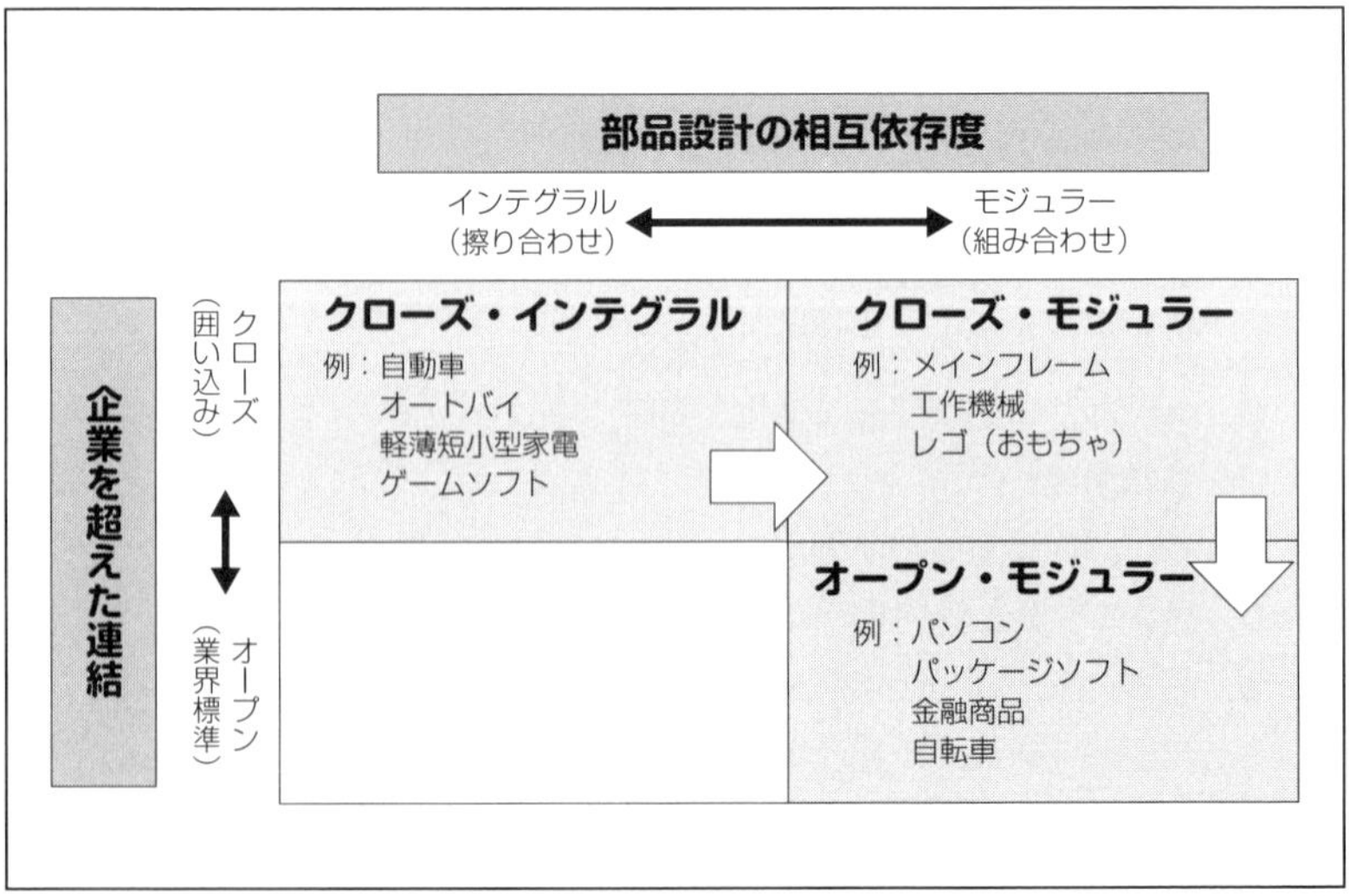

出所：藤本隆宏『能力構築競争――日本の自動車産業はなぜ強いのか（中央公論新社、2003年）』

動車メーカーがいまだにグローバル競争力を発揮できているのは、自動車の製品アーキテクチャーがクローズ・インテグラルであるからです。とはいえ、この分野も電気自動車化によって大きく変わっていく可能性があります。

特にメーカーの場合には、このように製品アーキテクチャーの変化ということを見通しておく必要があります。

(2) 自社のビジネスモデルを見直す

ローテク分野だけでなく、ハイテク分野においても韓国や台湾、中国メーカーが躍進し、日本を含む先進国のメーカーが苦しめられたり、流通業においては、アマゾンなどネット通販の台頭により、既存の大手流通業が脅かされたりしています。

そうした中でただ「ものづくり」にこだわり続けるのではなく、独自のビジネスモデルを構築して生き残ったり、躍進したりしている企業が見受けられます。こうしたことから、既存の企業・事業においても、自社のビジネスモデルを組み替えることにより、競争力を回復したり、収益性を維持できることがわかっています。

例えば建設機械業界では、コマツがKOMTRAXというシステムを使って「ものづくりビジネス」にサービスという「ことづくりビジネス」を加えて、競争力を維持しています。

具体的には、販売する建設機械にGPSや稼働情報を収集するアンテナをつけ、それぞれの状況をKOMTRAXで収集し、自社と顧客の双方で見られるようにしているのです。このため、稼働率が高い現場へは営業マンが増販活動に出向いたり、故障しそうだったらあらかじめ消耗部品をメンテマンが交換に行ったりすることで、顧客の利便性を高め、顧客の支持を得ることに成功しています。こうした取り組みを「ものづくり」+「ことづくり」(サービス)と呼んでいます。

図表0－16 コマツのビジネスモデルの進化

⑧パートナー	⑥活動と付加価値	④関係	②提案	①ユーザー
・部品メーカー（みどり会） ＋ **・ITパートナー**	・商品企画・製造 ＋ **・情報提供** **・メンテ・営業提案**	**・継続的なサービス提供**	・商品＋ **・位置情報** **・稼働状況** **・メンテ情報**	・国内・海外の企業・個人（使いやすい・手頃価格・**盗難対策・故障なし・燃費がよい・アフターがよい**）
	⑦リソース ・KOMTRAX ・メンテノウハウ ・工場・技術	**③流通** ・販売店・代理店		

⑨コスト構造	⑤収入と流れ
・部品＋加工＋組立 **・ITコスト＋GPS機器コスト↑**	・機器販売代金　**・メンテ収入** **・買替・買い増し**

出所：A・オスターワルダーほか『ビジネスモデル・ジェネレーション―ビジネスモデル設計書』（翔泳社、2012年）にコマツの事例を当てはめたもの

このビジネスモデルは他の業界でも参考にすることができます。実際に、工作機械業界ではこの取り組みを参考に、顧客先での自社の機械の維持・メンテナンスに役立てています。

このように、**図表0－16**にあるような他業種を含めた先進事例を参考にして、自社の新しいビジネスモデルの構築を検討するとよいでしょう。

参考までに、**図表0－17**にこれまで成功してきたビジネスモデルの事例を日本企業を中心に紹介しておきます（コマツの事例は、＃10に相当します）。

▼（3）パラダイムシフト（構造改革）のポイントを見つける

「パラダイム」とは既存の枠組みのベースとなる考え方のことをいいますが、皆さんの業界でも、歴史上、標準となっているパラダイムというものがあると思います。これを大きく変えていくこと

図表0－17 代表的なビジネスモデル

区分	ビジネスモデル	特　徴	事　例
顧客セグメント・関係	#1.地域ドミナント	特定地域を支配	セブンイレブン等
	#2.クリームスキミング	需要が多いところのみを狙う	LCC等
	#3.特定市場の支配	特定市場で圧倒的なシェア確保	YKK等
	#4.グローバル化	海外展開し、経営資源最適化	トヨタ等
	#5.顧客ライフサイクル	ライフステージ別商品・サービス	ベネッセ等
	#6.購買代理	顧客の利益のための活動	ミスミ、アスクル等
	#7.プラットフォーム	顧客が活用する基盤を提供	Facebook、Amazon、楽天
提供価値	#8.ソリューション	顧客の問題解決を請け負う	IBM等
	#9.同質化	他社の差別化のまねをする	日本コカコーラ等
	#10.モノ＋サービス	製品にサービスを付けて囲い込む	コマツ等
	#11.アンバンドリング	サービスをパッケージ化しない	QBハウス等
	#12.デファクトスタンダード	事実上の標準を握る	MS、インテル等
	#13.ブルーオーシャン	競争のない世界を作る	任天堂、カーブス等
価格／収入構造	#14.レーザーブレード	消耗品やサービスで儲ける	エプソン等
	#15.フリー	ベースは無料、周辺は有料	ソフトバンク等
	#16.サブスク	月額料金制	ネットフリックス等
ビジネス・システム	#17.ダイレクト	直販	自動車保険、通販等
	#18.マニュアル化・自動化	高度なノウハウを自動化・マニュアル化し素人でもできるようにし低コスト化	マクドナルド、ブックオフ等
その他	その他各種		

出所：今枝昌宏『ビジネスモデルの教科書――経営戦略を見る目と考える力を養う』（東洋経済新報社、2014年）を参考に作成

を「パラダイムシフト」といいます。「自社で製造していたものを他社からのOEM供給に変える」といったものはパラダイムシフトの例といえるでしょう。日本語では、「構造改革」という言葉が当てはまります。

企業の場合、パラダイムシフトの対象となる分野は、**図表0－18**のように7つほどあります。

例えば、1つ目の事業領域で見ると、「これまで」本業領域中心に取り組んでいたものを、「これから」は、新しい分野に進出していくというように拡大していくことが考えられます。ただし、その際には、「これから」に変えていくための「変革課題」に取り組む必要があります。

パラダイムシフトに向けた課題を抽出するには、その他に、②ビジネスモデル、③市場展開の仕方、④競争する相手、⑤商品・サービス開発の仕方、⑥分業構造、そして⑦他社との提携関係のそれぞれについて「これまで」と「これから」という形で事前に検討しておくとよいでしょう。

以上で見てきたように、中期経営計画の検討の際には、具体的な分析に入る前に、少し長期的かつ広い視点で物事を捉え、マクロで見てどのような変化が起きそうか、そしてそれに対応するためには自社のどのようなことを変えていく必要があるのかを大きく捉えておくことが重要です。

「木を見て森を見ず」という言葉があります。目先の小さな変化に目を奪われていると、大きな変化を見逃すことになるという意味に解釈できます。中期経営計画の場合、「木」（例えば主力製品群）の健康状態や成長も見る必要がありますが、それを抱える「森」（事業部）も、そして「山」（会社）も、また他の山々（競合や業界）やひいては地殻変動（マクロ環境）までも視野に入れておく必要があります。

図表0－18 パラダイムシフト（構造改革）のポイントを見つける

変革分野	これまで	これから	それに向けた変革課題
①事業領域	•既存本業関連領域	•○○分野に拡大	•○○分野向け新商品開発
②ビジネスモデル	•原材料を加工して販売 •売り切り	•部品を組合せユニットで販売 •メンテ請負	•部品組合せ技術取得 •メンテのサービス化
③市場展開	•国内市場→海外市場	•いきなり海外からも	•海外でのマーケティング活動
④競合相手	•国内大手企業との競…てれば…た	•新興国の同業…	•新興国の競合調査・対策
⑤商品開発	•新技術を搭載した付加価値商品で勝負	•良いのに安い商品開発	•部品の共通化によるコストダウン
⑥分業構造	•垂直統合型のグループ構造	•他社・グループと水平分業も	•提携・協業会社の探索・アプローチ
⑦提携関係	•親会社を中心とした提携関係	•親会社以外とも提携	•親会社の了解と提携・協業先の探索・アプローチ
⑧その他			

記入例（部分）

▼（4）視野のスコープ（範囲）設定

物事を見る範囲・視野のことをスコープといいます。我々は自分の周辺のことを中心に考えがちですが、中期経営計画の場合、会社を含む広いスコープで物事を考える必要があります。

狭い方から順々に見ていくと、

①　自分の事…自分の業務に関わること、他人とのコミュニケーション・人間関係等

マンガのストーリーでは、樹開はまず自分のことで悩んでいますね。

②　部署のこと…所属部署の役割、業務、目標、計画、業績、雰囲気、コミュニケーション、人間関係、モチベーション等

③　部のこと…所属する部について、部のビジョンと戦略および部署と同じ項目

④　部門のこと…所属部門について同様項目

⑤　会社のこと…会社の業績、経営者、ビジョン、経営目標、強みと弱み、戦略と戦術、経営課題、進捗状況、マネジメントの仕方等

⑥　グループのこと…企業によっては、グループ会社の一員であることもあります。親会社との関係が重要なこともあります。

⑦　市場環境…展開地域、お客様の状況、ニーズ変化等

⑧　競合環境…競合他社の状況、動向、新規参入・退出等

⑨　マクロ環境…政治・経済・社会・文化・技術・環境問題等の状況と変化

⑩　世界情勢…国内ばかりでなく、世界に目を向け、世界を取り巻く政治状況・経済変化、民族紛争、環境問題等

普段の業務からいったん目を離して、視野を広げて捉えていく必要があります。

STEP 1

ビジネス環境分析パート

STORY 1 外部事業環境分析　STORY 2 自社経営資源分析

STORY 1 外部事業環境分析
会議室
山本電機 企画会議——
えー 常務の指示で PEST分析を 行うことになった
担当は樹開と甲作で
は はい
ガタ
甲作は 先日移動になった ばかりだからな
樹開がリード してやってくれよ
はい…

俺だって実践はまだまだだよ…
樹開さんよろしくお願いします
あ…ああ
小会議室
そもそもPEST分析って何ですか？樹開さん
PEST分析というのは
ポリティクス エコノミー ソサイエティ テクノロジーの頭文字をとった言葉で
それぞれ「P政治・法律」「E経済」「S社会・文化」「T技術」の観点で自社に関連する環境変化を抽出しそれへの対策を検討する枠組みだよ
なるほどいろいろ調べなくちゃならなそうですね
そうだな分担して関連する情報を収集するか
最近は「環境（エンバイロメントやエコロジー）」のEを加えて分析することもある
ほー!!
はいっ！何でも言いつけてください！樹開先輩！
おおうっ
もしかしてちょっと苦手な体育会系？

翌日から
2人は情報収集に
東奔西走した
そうして
集めた情報を分析
樹開がそれを
ファイルにまとめ
経営企画室
室長には
メール添付で
提出し
別途説明の
ミーティングを
開くことにした
――のだが
室長
事前にメールで
お渡しした
PEST分析の
ファースト
バージョンはご確認
頂けましたか？
パタン
うむ…
ギク！
イヤな予感

まず
ここはちょっと
データが古すぎるな
3年前に出た予測だろ
もう最新の予測が
出てるんじゃないか？
それに
こっちのデータは
対象範囲が広すぎる
うちの商品も
入らなくはないが
通常予算などで
参照している統計とは
違ってるだろ
大量ダメ出し！
あと今後を考えると
◯◯地域の情報も
取っておいた方が
良い
将来的に参入が
ありうるからな
ひあぁぁぁぁ
その後何度かの
差し戻しを
受けながら
ようやく1枚物が
まとまった
ぜぇ
はぁ…
よ…良かった
何とか
まとまって…
でも…
セミナーで
紹介された
ワークシートって…
すぐに討ち死
ガー

前途多難……
20枚以上あるんだよな～！
前回の社内オリエンテーションを受け
第1回ワークショップ
今回は「ビジョン先行型」なのでビジョン設定パートから始めますが
そのうちのひとつ事業領域の検討として将来の新規事業の可能性も含めアンゾフのマトリックスを検討してみましょう
大和貿易
縦軸に既存市場・顧客と新規市場・顧客
横軸に既存製品・サービスと新製品・サービスの合計4つのセルが出来ますから
それぞれに5つ以上の要素が入るようにグループで検討してください
新製品サービス
新規市場顧客
既存市場顧客

新規の方は出した中から良いものを残すようにします
なのでまずは可能性のあるものをたくさん出してみましょう
グループ討議ではそれぞれ今回のリーダーに任命された人がリードして下さい
うわっ面白い！
こんな発想するんだ！勉強になる！
椛田さん
あなたはどう思いますか？

え 私ですか？
ぜひ 自分の意見を 言ってみて下さい
ゴク
えっと…
うちは 貿易会社なので
新市場では まだ進出していない 国や地域が来ると 思います…
また横軸の 新製品・サービスでは 現在取り扱っていない 防災グッズや 環境対応機器等が 入ると思います
パチ
パチ
とてもいい 意見ですね

やった！高知先生に褒められた嬉しい！
パチ
パチ
パチ
お疲れ様です
樹開さん
今日
弊社では
高知先生による
ワークショップが
行われました
私
褒められ
ちゃいました！
お疲れ様です
良いですね
羨ましいです
僕なんか
PEST分析に
追いまくられてて…

面白くなんかないよ…
はあ…
PEST分析ですか
パッ
それも面白そうですね！やってみたい！
パッ
これからも一緒に頑張りましょうね！
……
うん！樹開さんも頑張ってる！
私もやるぞー！
STAMP
おー
ずるずる
……

どんっ
ま いいや
それより 次に私が 出来ることって なんだろう?
もっと勉強したいと 思って資料本買って 来たけど
ちょっとやり過ぎ?
もっと 知りたいな
ん?
もっと もっと――
シナリオ プランニング?
お肌の お手入れ中

シナリオプランニング
ストレッチ中
グループで変動要因を抽出 基本シナリオと代替シナリオを検討して
ブラックスワンを減らせるようにするやり方
ブラックスワンとは想定外の出来事の事で
黒い白鳥が珍しい事から西洋ではそう呼ばれている——か
これって
もしかして……
あれ椛田さんだ
こんばんは
樹開 さん
遅くにごめんなさい

今　関連書籍を読み込んでいるんですけど
その中に『シナリオプランニング』というのがあったんです
マクロ環境分析の手法の一つなんですが
樹開さんはPEST分析から入っていましたよね？
だったら環境想定を多角化するのにいいんじゃないかと思ってお知らせしました
良かったらご検討下さい
…気にしてくれてるんだ
俺のこと…
負けてられない…！
STAMP
Thank You!
いつまでも後ろ向きでいないで自分から現実に挑んでいかなきゃ！
室長！ちょっと良いですか？
ん？なんだ？

提案です！
この『シナリオプランニング』で今後のことを検討したいのですが！
ほう…
どれどれ
■シナリオプランニング■
い…いかがでしょうか！
………

あのなあ…
ギシ
こんなことを やり始めたら 誰が変動要因を 決めるんだ？
第一シナリオが いくつもあったら 作業が膨大になるし 収拾がつかなく なりかねない！
やめた方が いいな！
はい……

03 外部事業環境分析

ビジネス環境分析パートは、大きく外部事業環境分析と自社経営資源分析に分かれます。前者は主に外部のことについて、後者は主に内部のことについて分析をします。

外部事業環境分析については、マクロ環境分析と市場環境分析、競合環境分析の3つがあります。それぞれに情報収集をして分析を行います（図表1-1）。

▼（1）マクロ環境分析（PEST分析）

マクロ環境分析では、図表1-2に見られるように、PEST分析という視点から重要な環境変化やトレンドとその影響を捉えます。「PEST」というのは、P（Politics）政治体制の変化や法律制定・運用に関わるもので、与野党が入れ替わ

図表1-1 外部事業環境分析

マクロ環境分析

- 事業に影響を及ぼす政治体制、政策、法・規制上の動きはないか？
- 事業運営のチャンスorリスクとなるような社会情勢・技術の変化はないか？
- 事業収益に影響を及ぼすような経済や金融・為替等の動きはないか？

市場環境分析

- 市場の成長傾向は？　急成長／鈍化／減衰？
- 売上に影響するような顧客ニーズの変化はないか？
- 顧客の消費動向に変化はないか？（不況／好況による家計の引締め／解放）
- 補完財、代替財市場の動向とその影響？

競合環境分析

- 競合のシェアとその伸び率はどうか？
- 自社の脅威となるような競合の戦略転換や技術革新はないか？
- 既存のビジネスモデルを破壊するような新規参入はないか？

日頃の情報収集で「外部事業環境分析」の精度が上がるね！

図表1－2 PEST分析

分野		項目	内容・影響	課題
マクロ環境	政治・法律（P）	・米中貿易摩擦 ・増税 ・社会保障負担増 ・環境規制強化	・中国から米国への輸出減少等 ・売価／仕入コスト↑、反映不可→利益↓ ・人件費↑ ・環境対応コストアップ、環境商品売上↑	生産・輸出拠点移管等
	経済（E）	・デフレ→インフレ ・金利変動 ・円安定着 ・エネルギー費用増大 ・中国の人件費の上昇	・価格転嫁可能に、仕入コスト↑ ・金利支払い額↑↓ ・原材料費↑ ・燃料費↑ ・中国からの輸入品価格↑、生産拠点シフト	
	社会（S）	・少子化と高齢化 ・郊外・農村部の人口減少 ・生産人口の減少 ・新興国人口増大 ・外国人労働者受入れ	・子供マーケット減少、高齢者市場拡大 ・左記エリア売上減少、空き家増加 ・若手採用難、高齢者雇用余儀なく ・新興国向け売上↑ ・人手不足感緩和、犯罪増加も	
	技術（T）	・環境技術 ・5G普及 ・AI・IoT化 ・RPA普及	・省エネ化、クリーン化 ・詳細データやり取り、処理可能に ・自動化・省力化、きめ細かな管理可能に ・業務処理効率化	
	環境（E）	・SDGs・ESG対応 ・再生エネルギーの比率増大 ・災害被害多発	・環境保全コスト↑。レポーティングコスト↑ ・再生エネルギー分野の需要↑ ・BCP等災害対策立案・実施	

ったり、税制が変わったり、米国や欧州・中国などの政治体制や政策の変化としてどのようなことが起こり得るかを想定した上で、自社としての取り組み課題を抽出します。新興国に進出している企業としては、政治体制転換やテロのリスク（「カントリーリスク」といいます）なども考慮に入れる必要があります。

作成にあたっては、起こり得る変化を記述するだけでは自社への影響がわかりませんし、さらに自社としてどのような対応をとったらよいのかがわかりませんので、それらの変化に自社がどのような対応をとるべきかまで検討しておく必要があります。

このほか、E（Economy）経済・金融情勢の変化、エネルギーコストの変動や、S（Society）社会・文化的変化、T（Technology）技術革新やIT・新技術の普及等があります。以上で一通りPESTなのですが、2つめの「E」として「環境対応」（EnvironmentまたはEcology）が挙げられ、ここでは環境関連規制や環境問題対応等を検討します。

マクロ的な変化のリサーチにあたっては、調査機関の予測や未来を予測した文献等を活用するとよいでしょう。最近は、インターネットでいろいろな情報が入手できるようになっていますので、まずはネット調査から始めて、ある程度情報が集まったら、文献収集や必要に応じて専門家にインタビューしたり、依頼するとよいでしょう。最先端のことは、ネットに載っていないことがありますから、自社にとって重要なカテゴリーの情報は、その筋の専門家に確認して情報収集した方がよいでしょう。

▼（2）市場環境分析

市場環境分析では、参入している市場の成長性や収益性、顧客ニーズの変化、消費動向の変化等を見ていきますが、中には「補完財」や「代替材」といったそれまでの競合製品とは異なるカテゴリーの製品・サービスが市場に新規参入してきたり、既存の市場を奪い取ったりするケースも見られるので、少し視野を広げてウォッチしておくとよいでしょう。例えば、任天堂は、ゲーム専用機を扱っていましたが、スマートフォンによるスマホゲームの普及により需要が激減し、長い間業績悪化に苦しみました。

市場環境分析については、複数の事業がある場合にはその事業の分だけ分析を行います。**マンガのストーリー**にもあるように、事業部に協力してもらう方法もあります。事業部では常日頃から市場をウォッチしていますから、彼らの情報を基に分析を行うとよいでしょう。

▼（3）競合環境分析

競合環境分析については、主要な競合他社についてその現状と動向、そして今後考えられる動きについて分析します。競合他社の製品・サービスも、市場に出ているB2Cビジネスにおいては分析しやすいですが、製品・サービスとして市場には出てきにくいB2Bビジネスでは注意深く情報収集する必要があります。このように表に出てきにくい情報については、可能な範囲でお客様などから情報を得るなど、工夫する必要があります。

競合ないしベンチマーク先情報は、**図表1−3**のように自社と競合とを同じ項目について比較を試みます。複数の事業がある場合には、事業ごとに複数のシートを作成して比較します。

これらの情報をすべて把握している部署や人はなかなかいませんから、いろいろな部署や人からの情報を集めて、一つにまとめてみるとよいでしょう。断片的にしかわからなかった情報をつなぎ合わせることで、全体像が浮かび上がってくることがあります。

図表1－3 競合（ベンチマーク）との比較例

	当社	競合A	競合B	競合C
会社名	B社	M社	S社	D社
ターゲット顧客	A社、A社G → A社近隣の建物オーナー	A社、A社G → A社近隣の建物オーナー	A社、A社G及びA社近隣の建物オーナー	A社、A社G及びA社近隣の建物オーナー
ニーズ	中小規模工事	～50万円（拡大要望）	中小規模工事中心	大規模工事→中小規模？
提供商品・サービス	A社の建物の保全、A社G建物の修繕	建物等の清掃、設備小修繕	A社の建物の保守管理、A社Gのビル管理	A社、A社G関連建物の新設、大規模改良
価格帯	低価格帯	低価格帯	低～中価格帯	低～中価格帯
チャネル・ルート	施設部、施設課、建築課等	営業部	営業本部	建設部、施設部
販促・営業方法	現場営業	トップ営業	トップ営業	トップ営業
強み・弱み	○強み　A社全エリアカバー △弱み　幹部に疎遠	幹部との強いホットライン 社内の建築技術が未熟	幹部との強いホットライン 建築技術が未熟	固有の技術力、当社の株主 建築工事は低利益率
売上	○○億円	○○億円	○○億円	○○億円／○○億円
利益率	○○%	?	○%	○%／○%
従業員数	○○人	○○人	○○人	○○人
重要成功要因	固有技術の強化 ワンストップサービスの充実 コスト低減	建築技術社員の増員	建築技術社員の増員 固有技術の習得	建築メンテナンスに精通した技術社員の増員

競合との比較表では、それぞれの会社の重要成功要因を抽出することが重要です。自社・自事業の重要成功要因のみならず、他社事業の重要成功要因もつかめると、他社の今後の打ち手を推測し、対策を立てやすくなります。

図表1－4は外部事業環境分析シートの例です。この例では、本来自社経営資源分析に入る自社の事業分析を、戦略立案のための3C分析の視点（競合：Competitor、顧客：Customer、自社：Companyの3つのC）に基づいて分析している例です。

▼（4）シナリオプランニングとそのメリット

外部事業環境分析は、通常このように行いますが、特にマクロ環境については、不確定要素が多く、例えば、為替レートの影響を強く受ける業種の場合、中期経営計画の前提として3カ年の為替レートを○○円／ドルと仮定してみても、当たらないことが少なくありません。このため、重要な前提が崩れてしまい中期経営計画自体を反故にしてしまうこともあり得ます。そうすると、もともと必要であった変革・改革課題への取り組みが中断されたり、従前どおりの予実管理が行われるだけになったりして、当初目的としていた変革や改革が進まなくなることがあります。たった一つの前提の変化で全体の取り組みが進まなくなってしまうのは大変もったいないことですから、少し工夫が必要です。

そこで登場するのが「シナリオプランニング」です。シナリオプランニングとは、もともと米軍がキューバ危機の際に使用した手法で、ケネディ政権下で危機回避に有効だったため、その後ビジネスでも活用されるようになりました。

その手法は、まず、自社の事業に重大な影響を与える主要な要因を抽出し、その要因の動きについて複数のシナリオを検討します。図表1－5が

図表1－4 外部事業環境分析から抽出された問題点と課題

記入例（部分）

		現状／見通し／問題点	取り組むべき課題
マクロ環境	P	・内外の政治体制不安定に	・政策の先読みと先手対応
	E	・世界経済不安定	・機敏な対応・対策
	S	・少子高齢化進展	・外国人労働力確保・レベルアップ
	T	・AI・IoT化進展	・利便性向上取り組み、新技術の積極導入
	Eco	・プラスチック規制	・エコプラスチック導入
事業別分析（市場・競合・自社事業分析）			
A事業	市場	・ドラッグ	・取扱製品拡大
	競合	・仕入パワーで価格で勝負	・価格以外のサービスで差別化
	自社	・配送に強み	・配送網の整備
B事業	市場	・小型車比アップ	・小型車向け商品ラインナップ強化
	競合	・オーソドックスな品揃え ・トップ営業に強み	・斬新な品揃えで勝負 ・トップ営業と現場の連係プレー強化
	自社	・T社系に強み	・H・Nも開拓

その例ですが、この場合、大和貿易のような貿易会社を想定して、主要な変動要因として①為替レート、②原油価格、③海上運賃、④入港船数の4つを抽出しました。そして、それぞれの要因について、為替レートであれば「円安か円高か」、原油価格であれば「原油安か原油高か」といったように2通りのシナリオを想定し、それらの組み合わせを検討してみます。

要因が4つで、2つずつのシナリオがあると、単純計算で16通りのシナリオができてしまいますが、その中から主要な組み合わせを選び、ベースとなるものを「基本シナリオ」、その他を「代替シナリオ」として想定し、それぞれのシナリオの場合にどのようなことが起きるか、またその際にどう対処したらよいかをあらかじめ検討しておくのです。もちろん、中期経営計画の前提として複数のシナリオがあると話がややこしくなりますから、ベースは基本シナリオを前提として作成することとし、代替シナリオのような事態が起こった際には、どのように対処するかを決めておけばよいのです。

実際に、このシナリオプランニングを中期経営計画策定の際に使ってもらったケースがありました。その会社は、過去4回中期経営計画を策定していたのですが、4回とも為替レートの前提が外れ、途中で中期経営計画を止めてしまっていました。このため、私が担当した第5回にこのシナリオプランニングの手法を活用し、主に為替レートについて円高シナリオと円安シナリオの2つのシナリオを想定しました。こうして途中から円高から円安にシフトした際も「シナリオチェンジ」ということで対処したところ、3カ年の中期経営計画を完遂することができました。その結果、その会社は過去最高売上・最高利益を達成することができたのです。その会社の社長から後日大変喜ばれたのは言うまでもありません。

図表1−5 シナリオプランニングのシナリオ設定例

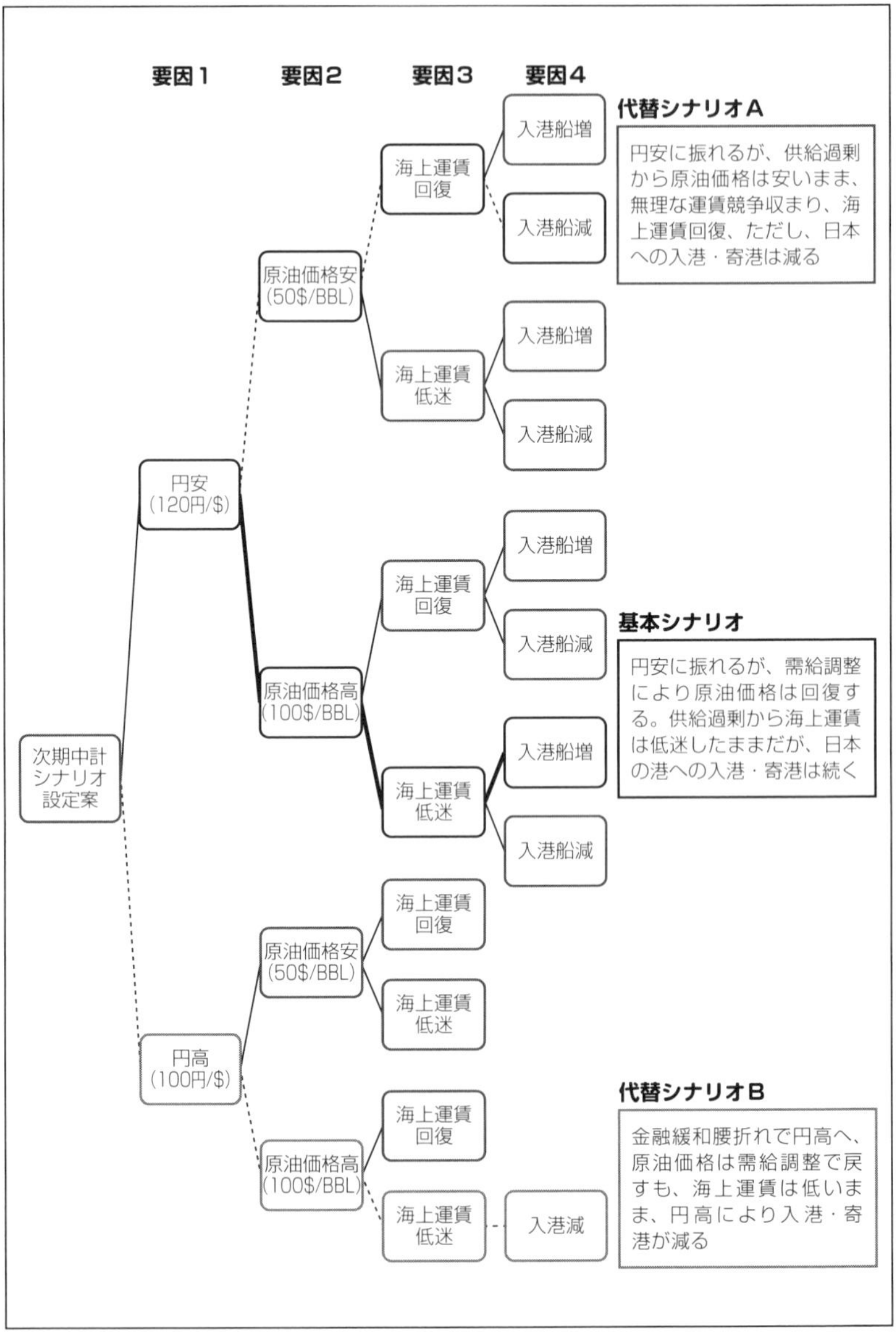

▼（5）シナリオプランニングの活動計画・計数計画への反映方法

まず計数計画ですが、影響の大きな外部事業環境要因が変化するので、当然売上高や原価、経費に影響が出ます。

このため、まずその影響度合いを推定します。過去に起こったことがあるものであれば、例えば為替レートのように、10円の円高で輸出金額が何%減った等実績データを分析し、その平均値・期待値を推定します。

その際、単に定量的に分析するだけでなく、実際にどのような事が起こったのか、どのような影響が出たのかをその時の経験者からヒアリングし、起こった際のプラス・マイナスの波及効果と影響度合いも合わせて推定します。

過去に起こったことがないことであれば、その道の複数の専門家の意見を聞くとよいでしょう。専門家によっては楽観的な見通しの場合と悲観的な場合とがあります。両方の意見を聞いた上で判断するとよいでしょう。

次に活動計画ですが、活動・計数計画具体化パートにおいては、基本シナリオをベースにブレークダウンします。それをさらにシナリオ別にブレークダウンするのは大変ですから、まず戦略レベルで影響が出るのか出ないのかを判断し、その上で、影響が出るのであれば、活動計画上でどのように対応するのかの方針を決めておきます。策定段階では細かな活動計画までは作成しなくてもよいでしょう。

STORY 2 自社経営資源分析
えー中期経営企画策定のメンバーの皆さん
本日はお集まり頂きありがとうございます
YAMAMOTO
まずはレジュメをご確認下さい
そこにある通り自社経営資源分析を行います
自社経営資源分析！
ザワ
え？何それ？
大口の納期が迫ってるんだけど
業務が増えるな…
ザワ

えー…
ザワ
ザワ
では…その
少々説明を
申し上げます
樹開君！
皆さんに
意義を説明して
えっっ?!
僕?!
よろしくね！
は…はいっ
ガタ
ガタ
ひゃー
先輩気の毒…
え…
えーと…
事務局の
樹開です…
もう
無茶ぶりも
いいとこだよ
室長…！
自社経営資源分析
高知先生
何て言って
たっけ?
ズラリー
そのう…
ぶる
ぶる
キュッ

自社経営資源分析
これには6つの要素があります
財務分析
事業分析
経営管理分析
人事・人材分析
業務・情報システム分析
社風・風土分析の6つです
このうち財務分析は通常の成長性・収益性・安全性等の視点と同じですが
事業分析は3C分析といって
事業ごとに①顧客（カスタマー）②競合（コンペティター）③自社（カンパニー）の3つの視点から分析し事業戦略立案に役立てます
市場規模・成長性・セグメント、顧客ニーズ等
市場 (Customer)
自社 (Company)
競合 (Competitor)
財務、事業、人事・人材 経営管理、情報
マーケットシェア、競争優位性、競合の戦略等

自社経営資源分析では会社全体について色々な観点から分析を行い
中期経営計画プロジェクト内で解決策を検討していきます
まずは6つの要素について現場の問題点や今後の見通しを考えて頂き社として取り組むべき課題を抽出します
そして中でも緊急性と重要性があるものは
中期的に取り組むべき課題を抽出することに意義があります
今回皆さんに取り組んで頂く事業分析は
現場感覚といった既にお持ちの情報が重要なのでぜひご協力をお願いしたいのです
…………

な…何とか
なったかな…?
ドキ
ドキ
あのう……
はい?
それってなんか
フォーマットとか
記入例みたいな
ものは
ないんですか?
ひな形とか
サンプルとか…
ちょっと
リードタイムが
短いなあ
意味や意義は
わかったけど…
ザワ
あ…
あの…
それは…
いきなり
言われても…
もう少し
余裕がないと…
ザワ
ザワ
皆さんに
自由に…
ザワ
ザワ
書いて…
ザワ
ゴオオオォ…

…………
ゴトン
ゴトン
本件は経営陣が推し進めている案件です
次回会議までに御提出下さい！
結局室長の一言でみんな渋々了解してくれたけど…
なんかだめだなー俺…
椛田さんだ…
お疲れ様です
最近どうですか？
こちらは毎日が
あっという間です

こんばんは
今日は
高知先生のセミナーで
習ったことに
助けられました
パッ
良かったですね！
さすがは私たちの
尊敬する師匠！
プロフェッサー
高知です！
プロフェッサー教授…
面白い人だなあ
椛田さんって…
どんなことが
あったのか
教えてもらえますか？
後学のために
パッ
あ
勿論差し支えない範囲で
結構です！
良いですよ
実は——
なるほど
自社経営資源分析
ですか
ザワ
ザワ

うちの社では
その話はまだ先だと
高知先生が仰っていました
それぞれ取り組み順や
やり方が違うんですね
そうか…
中期経営計画って
セオリーでは
なくて
それぞれの会社に
マッチしたやり方が
大切なのかも…
なるほど
STAMP
パァーン

数日後——
うん？
重電・家電
電子の
各事業部から
自社経営
資源分析の
ファイルが
届いてますよ
樹開先輩
そっか
来たか！
良かった
みんな
頑張って
くれたんだな
それが……
どうした？
まあ
見て下さい…
カチ
B事業部
A事業部
ズバババァバ
① ○○が××
② △△で※※※
しょぼ
しょぼ

ふぉーまっとが
ないから
さ
言葉足らずの箇条書き有り
短編小説と見紛う長文あり…
みんな
好き勝手に
書くわけよ・・・
しかも大量
ーーーっっ!
カタ
カタ
カタ
カタ
し…仕方ない
これを
まとめるのも
俺達の仕事だ!
さ
やるぞ!
はい～…
先輩…
ん?
なんだ?
問題か?
いえ
そうじゃ
ないん
ですけど…
先輩の
有様は
問題かも…
ちょっと
コワイ…
この上どんな
困難が?!

この資料見てると うちの社って あれもこれも 課題山積で…
な…何言ってるんだ？
ヒクッ
これは社の課題を 炙り出すために やってるんだから これで良いんだよ！
みんなが 頑張った 結果だろ？
ヒッ
ヒッ
それは そうですけど…
ヤバくないですか？
もしかしたら さっさと転職考えた方が 良いかもしれませんよ
そこまで 言うか〜〜〜っ?!

正直 俺だって 不安なんだ
こんなに いろいろ 課題が出て きちゃって
会議室
一体 どこから 手を付けたら 良いんだ？
プロジェクト ミーティング
…………
パラ
パラ
あのう…
ガタ
これ 課題の炙り出しが 出来たのは 良いですけど こんなに問題山積で 今後どうやって さばいていく つもりですか…？
えー… それは…
ザワ
ザワ
経営陣と 相談して… ですねえ…
これ マジで ヤバイっすね
高知先生ーーー！

04 自社経営資源分析

続いて内部の分析です。自社経営資源分析には、①財務分析、②事業分析、③人事・人材分析、④経営管理分析、⑤業務・情報システム分析、⑥社風・風土分析の６つの視点があります。

▼（１）財務分析

財務分析については、通常の財務分析と同じ視点で、成長性・収益性・安全性・効率性・生産性とキャッシュ・フロー等の分析を行い、主要なポイントを抽出します（図表１－６参照、通常の財務分析とほぼ同じ項目で、前著『中期経営計画の立て方・使い方』で詳しく紹介していますので、より詳しくはそちらをご参照ください）。

ただし、経営目標を設定したり、より詳細な財

図表１－６ 財務分析の視点

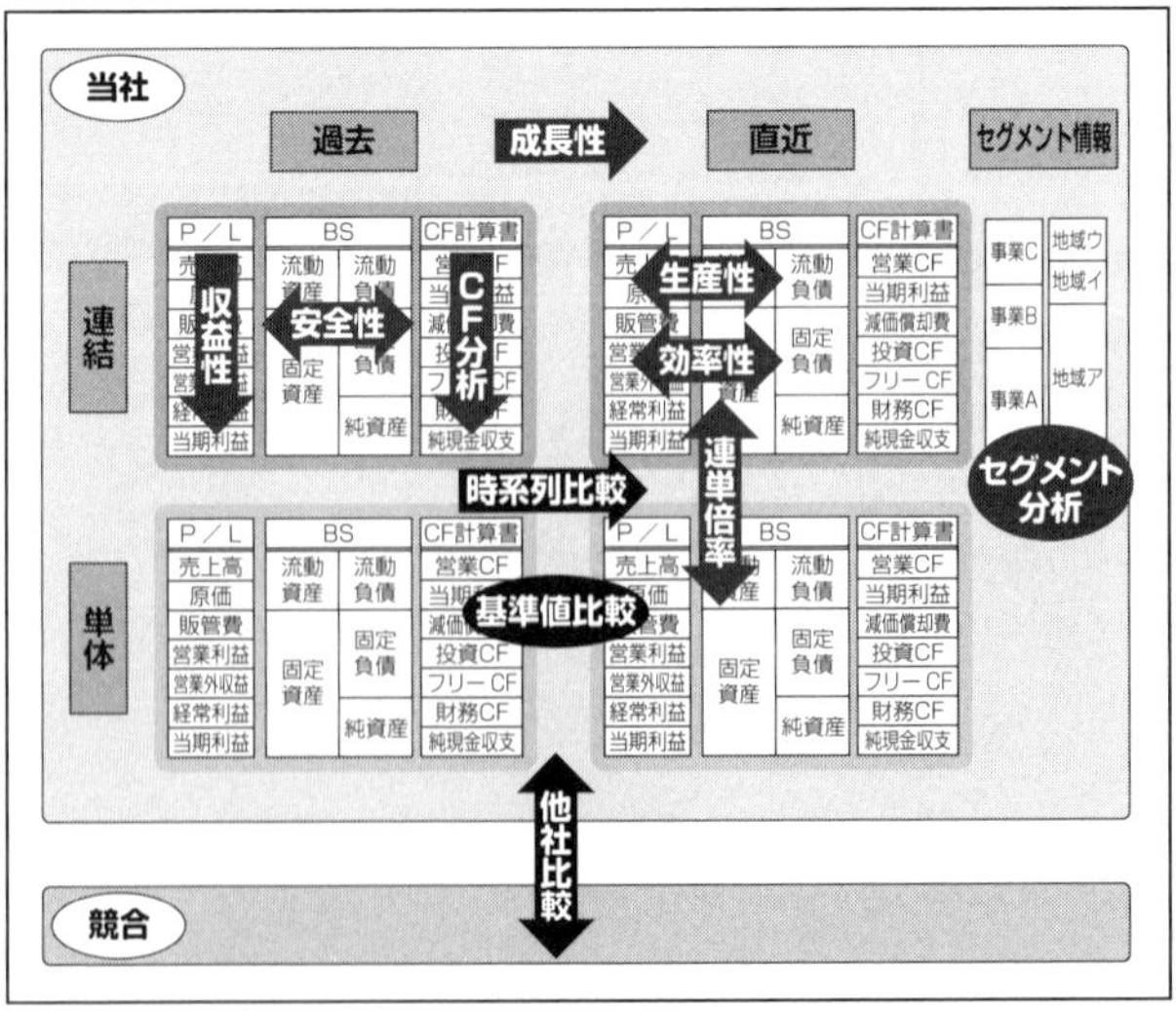

務値目標を設定したりする際に活用できるように、図表1－7に示すような実績と目標値が記入できるようなワークシートを用意しておくとよいでしょう。

（2）事業分析

事業分析では、事業の成長性や収益性、競争力などを分析します。事業分析はもともと事業ごとの戦略立案に役立てるために行うため、「3C」という視点で分析を行います。孫子の兵法では「彼（敵）を知り己を知れば百戦して殆（危）うからず」ということで敵と味方の2者を分析すればよいのですが、ビジネスでは、顧客を競合他社と奪い合うことになるため、市場・顧客（Customer）、競合（Competitor）、自社（Company）という3者の視点で分析を行います。市場・競合分析については外部事業環境分析の方に入るため、自社経営資源分析のうち事業分析については外部事業環境の方で分析を行います（前出03参照）。こちらも、各事業部が最新の情報を持っているので、彼らの協力を得る必要があります。

（3）人事・人材分析

人事・人材分析については、人員構成や人材の確保状況、人材の成長度合い、離職率、従業員満足度、人件費の水準等の分析を行います。近年、特に少子高齢化により、人材の確保が難しくなっていることや、海外で活躍できるグローバル人材の不足、女性や外国人労働者の活躍によるダイバーシティの確保、働き方改革による労働時間の短縮等が大きなテーマとなっています。

（4）経営管理分析

経営管理分析では、組織構造や会議体とその運営方法、意思決定方法、職務権限体系や予算管理・業績管理等、会社として制度・ルールとして整備

図表1－7 財務目標設定～収益性だけでなく資本効率も～

財務諸表	財務指標	計算式	直近値	3年後	改善幅
損益計算書系	売上高（成長率）	直近／前年売上高			
	粗利率	粗利／売上高			
	販管費率	販管費／売上高			
	営業利益率	営業利益／売上高			
	経常利益率	経常利益／売上高			
損益×ＢＳ系	ROA	当期（経常）利益／総資本			
	ROE	当期利益／純資産			
	総資本回転率	売上高／総資本			
貸借対照表系	流動比率	流動資産／流動負債			
	自己資本比率	自己資本／総資本			
	有利子負債額	有利子負債額			
	Ｄ／Ｅレシオ	有利子負債／株主資本			
Ｃ／Ｆ計算書系	営業ＣＦマージン	営業CF／売上高			
	投資ＣＦ	投資ＣＦ額			
	ＦＣＦ	ＦＣＦ額			

図表1－8 自社経営資源分析のポイント（例）1

財務分析

■売上・事業の成長性を確保できているか？
■競争力のある収益性を確保できているか？（利益率、etc.）
■安定した事業継続のための十分な安全性を確保できているか？
（流動比率、固定比率、負債比率、etc.）
■資産・人材の効率的な活用が行われているか？（ROA、ROE、1人当り売上高etc.）

事業分析

■個別製品／サービスの成長性・シェアは適正か？
■個別製品／サービスの利益構造は適正か？
■個別製品／サービスの販売体制に問題はないか？
■個別製品／サービスの製造工程は十分効率的か？
■個別事業・製品・サービスの強み・弱みは何か？
■他社に比べ、競争優位性があるか？

人事・人材分析

■人材構成は適正か？（従業員高齢化、etc.）
■人材が育っているか？
■十分な従業員満足が得られているか？（離職率、従業員満足度、etc.）
■ダイバーシティは図れているか？
■人件費は適正な範囲に収まっているか？

されているものについて、その現状と問題点を分析します。予算制度や原価計算、投資回収のルール等は、管理会計制度の対象となるため、同じ会計ですがこちらのカテゴリーに入ります。

▼（5）業務・情報システム分析

業務・情報システム分析については、業務効率や生産性、IT投資・運用コストや情報セキュリティ、ITの業務効率化・利便性向上への貢献度などについて現状と問題点を分析します。

▼（6）社風・風土分析

社風・風土分析は「社内の空気」のようなものです。従来の中期経営計画の策定にあたっては、「当然のもの」として、あまり分析の対象になってきませんでしたが、経営コンサルタントの立場でいろいろな会社を見てくると、意思決定や行動様式に大きな影響を与えている事項だといえます。

図表1－10 自社経営資源分析のポイント（例）2

（続き）**経営管理分析**

- 組織構造および職務権限体系は事業運営にとって適正なものか？
- 会議体は必要な頻度・メンバーで開催され、効率的・効果的か？
- 意思決定が的確・迅速に行われているか？
- 予算管理・業績管理は適正に行われているか？
- 業績評価システムは事業の実勢を適正に反映しているか？
- 人事評価システムおよび人材育成体制は十分効果的か？

業務・情報システム分析

- 業務は効率的か、生産性は高いか？
- IT投資コストは適正であるか？
- 情報セキュリティは十分機能しているか？
- 情報システムは業務効率化に貢献しているか？
- AI・IoT等の導入は進んでいるか？

社風・風土分析

- 社風にはどのような特徴があるか？
- 雰囲気は明るいか、暗いか？
- 内向きか、外向きか？
- 社内コミュニケーションはよいか？
- 取り組み姿勢は積極的か、消極的か？

このため、他社からの転職者などの意見も取り入れて分析してみる必要があります。多くの会社で、「内向き」「事なかれ主義」「マイナス思考」「リスク回避」「議論しない」「上の意向に従う」といった日本企業独特の特徴が見られることがあります。

以上の自社経営資源分析のポイントを図表1－8と1－10に、また分析事例を図表1－9に示します。

▼（7）自社経営資源分析にあたっての留意点

自社経営資源分析を行うにあたっては、いくつかの注意事項があります。以下でご紹介しておきましょう。

①事実ベースであること

現状や問題点分析をする場合、「社員のやる気がない」といった話が出ることがあります。おそらく、その問題提起者の視点では「社員にやる気がないように見える」ということなのでしょうが、それはあくまで個人の感想・意見であって、必ず

図表1－9 自社経営資源分析から抽出された問題点と課題（例）

記入例（部分）

	現　状　／　問　題　点	取り組むべき課題
財務	・営業利益率が低い（○%）→１人人件費が高い ・売上上昇により原価率上昇（○%→△%）→購入材料費が高い ・資産の固定化（有価証券）（○○億円）	・人員構成の見直し、若年層の採用による営業力の強化 ・外注費の社内取込み、生産能力の増強（新工場） ・不要資産（株式）の売却・流動化
人事・人材	・部下育成ができていない ・会社として管理の組織が明確になっていない （プレイングマネージャ ・人材不足、工数不足	・教育プログラムの作成 ・管理者の職責の明確化（管理者職務基準） 正な新規採用とIT化による省力
経営管理	・会社全体の企画戦略がな ・内部統制意識が薄い（自己管理ができない） ・セグメント別の収益分析ができていない ・予算が前年基準で立案され、効果的な対策に対して、より配分を厚くするなどの戦略的な予算立案になっていない	全社全体の企画・戦略を立案まとめる機能が必要 ・内部監査制度の定着（自己監査、監査人監査） ・全社的な原価計算制度の確立 ・中計、年計、予算制度の有機的連鎖（ゼロベース予算等）
業務・情報システム	・情報化投資が少ない（ハード・ソフト・組織・教育） ・会社の戦略に沿った情報化活動をしていない	・計画的、効率的な投資 ・企画統括部門の活躍 ・全社の経営企画と連携
社風・風土	・おっとりしている ・内向き	・業績評価導入による厳しさの要素追加 ・顧客や競合を意識した事業展開・業務

しも事実ではない、または、全員がそうではないことがあります。ですから、事実としてどんなことが起こっているのかを確認した上で、取り上げるべき問題かどうかを判断する必要があります。問題提起者になぜそう思ったのかをヒアリングしてみると、「遅刻が多い社員がいる」というようなことが背景にあることがわかる場合もあります。仮にそうであれば、「時間にルーズな社員が多い」とした方がより的確な表現だということになります。ただし、それが中期経営計画の取り組み課題として取り上げるべきものかどうかはまた別物です。

②重要性や緊急性が高い問題であること

会社の中には問題点がたくさんあります。問題のない会社などありません。仮に「自分の会社・部署には問題がない」という人がいたら、それはその人に問題意識が足りないから、問題が見つけられないのです。

かといって、たくさんの問題を取り上げたとしても、それをすべて解決するのは不可能です。人・モノ・カネといった会社の経営資源は有限ですから、重要性や緊急性が高い問題に優先的に取り組む必要があります。

また、人によっては日頃の不平不満をこの時とばかりに並べ立て、言いたいことだけを言って去っていく人もいます。時にはガス抜きも必要ですが、それに終始してはいけませんし、それに振り回されてもいけません。

③なるべく定量的な表現を心がけること

問題点を抽出する際に、「クレームが多い」というようなことが指摘されることがあります。ただ、これだけではどの程度重要な問題なのかが判断できません。「納入先の8割から重大クレームとして指摘されている」というような内容であればその重大性が伝わり、対処すべき課題とすべきだということになります。

日本的な組織の場合、内部のまずい点を隠したり、オブラートに包んだ表現をすることがあります。上をおもんばかってのことでしょうが、それでは逆に問題の重要性が伝わらず、対処が遅れることにもなりかねません。ですから、まずいことほど具体的に明らかにして対応策をとっていく必要があります。

④単なる問題点指摘に終始しないようにすること

現状や問題点分析をする場合、いろいろな問題点が抽出されますが、問題点抽出とその整理で終わってはいけません。そのため、**図表1－9**にあるように「取り組むべき課題」までを明確にしなければなりません。ただし、どのように取り組むかについては、後ほど出てくる戦略立案と戦略課題抽出のプロセスで、重要性と緊急性の優先順位をつけて別途検討と取り組みを行うことになります。

---

(8) 自社経営資源分析の際の注意点

マンガのストーリーでは、山本電機の経営企画スタッフがこのパートを担当して、「うちの会社は大丈夫か？」と感じる場面があります。実は、これは自社経営資源分析を行う際によく起きることなのです。普段、社員の皆さんは自分の担当範囲内で業務を行っていますから、会社全体の問題点に触れる機会はあまりありません。ところが、今回のような取り組みを行うと、全社的にいろいろな問題があることが見えてきます。事実といえば事実なのですが、問題点ばかりに目が行くと、モチベーションがひどく下がってしまうという落とし穴があることを理解した上で、自社経営資源分析に取り組むとよいでしょう。課題は課題として冷静に捉え、整理した上で次のステップに進む判断力が必要です。

▼（9）問題点の目の付けどころ

問題意識がないと問題認識できませんが、問題意識の持ち方には、以下のような視点があります。

①　業務担当者の問題意識
　上流工程が遅い、データの品質が悪い等
②　マネージャの問題意識
　人手が足りない、予算が削られている、他部署と業務が重複している等
③　会社方針との乖離問題
　「お客様第一」といいながら、実際にはコストが重視されている等
④　業務の目的に照らしての問題
　お客様のニーズを商品企画に反映させるべきなのに、自社シーズ優先の商品開発になっている等
⑤　業務のQ（品質）、C（コスト）、D（納期・リードタイム）面での問題
　人件費の高い人が単純作業を行っていて、業務コストがかかりすぎている等
⑥　出来事や事実としての問題
　赤字商品が多い、歩留まりが悪い、ライン停止が多い、クレームが多発等
⑦　競合他社と比較しての問題
　価格が高い、納期が遅い、成長性が低い、収益性が低い等
⑧　一般他社と比較しての問題
　休日が少ない、女性管理職が少ない等

事業部などから出された問題点をこうした観点で整理し、重要性と緊急性の観点から優先順位付けを行い、課題設定し、解決策を検討していきます。

STEP 2

ビジョン設定パート

STORY 3 ビジョン設定

STORY 3 ビジョン設定
その頃――
大和貿易では高知の指導の下経営ビジョン検討会が開かれていた
御社に必要なのは『ビジョンリード型経営』です
ビジョンリード型経営?!

大豊作
この場合のビジョンとは自社の目指す姿や将来像のことをいいます
ですから自社が将来どうなりたいのかを示す『ビジョンリード型』が必要なのです
ビジョンリード型経営で重要なのは訴求力と求心力のあるビジョンです
春
秋
多くの人が現状から将来を予測する「現状延長型」の発想をしますが
近年は世の中の環境変化が激しく予測しきれません
台風
干ばつ
がっくり…
社員の皆さんが「そうなりたい」と思える
『優れたビジョン』である必要があるのです

それには「イメージ可能性」と「共感性」の2点が重要要素となります
なるほどね 社員全員で共有する夢ってわけか
だったら イメージのし易さは大事ですね
出来るだけ大勢が納得する共感性も大切だな
では皆さんが腑に落ちたところで
今日は各事業部入り混じって3グループに分かれて下さい
会社全体の経営ビジョンの検討を行いましょう
えっ?!
各事業部入り混じって会社全体の議論って…
まとまるのかな…?
ドキ
ニコッ

まいいや！
師匠を信じよう！
高知チルドレンだし
まずはそれぞれの事業部のビジョンを語ろう
もっと全社の話では？
それぞれの中に共有点を見つければ良い
それはそうだけど
これならどうですか？
それも有りだなー
こういうデータがあるんですが…
それだと現状延長だよ
もっと理想を語れ！
何か…思ったよりうまくいってるみたい
かんかん
がくがく
案ずるより生むが易しって事なのかな
検討終了――
カリ
さすが師匠！
ハナマル
皆さんお疲れ様です
活発な討論で大変結構でした

ばーん
キーワード
売上高目標
グループA グローバル・バリュー・クリエーター 500億円
グループB 安心・安全・信頼の大和貿易 400億円
グループC 最強のトレード・パートナー 600億円
こちらが検討の結果 それぞれが掲げた 御社のビジョンです
ほう…
六百億って 大きく出たなー
だって 夢ですから
ははは…
あ…れ？ なんか…
イメージ してたのと 違うものが あるけど…
皆 とても良い キーワードと 経営目標だと 思いますよ
やった！
………
良かった 良かった

経営企画室
良いのかなあ…
高知先生からのアドバイスで
次回までに経営企画部で今日のまとめ案を作ることになりました
椛田さんお願いします
えっ
ガタッ
なんで私が…!
御指名です
わかるでしょ?
……
また…?
これって会社にとって相当重要な事なんだよね…
私なんかがやって本当に良いの?
カタ
カタ
カタ
カタ
カタ
ピタ

だめだぁ！
うまくまとめらんない！
うわーんッッ
大体納得できてないことがあるんだもん
バタ
うまくまとめられるわけないんだよね…
あのとき――
いろいろ出てきたキーワードの中でひとつだけ異質に感じたもの
キーワード
グローバル・バリュー・クリエーター
クリエーター
それって創造的な仕事
もしくはそれをする人のことでしょ
貿易会社のビジョンとしてどうなの？

高知須留夫著
今回ばかりはちょっと恨みますよ師匠…
パラ
ん？
想像していたものとは違うアイデアが出てきたとき
①その言葉が示している事柄（何について述べているのか）
②その言葉の持つ意味
③その言葉に込められた想い
④その言葉の持つニュアンス
それらを分けて考えれば良いのです

そうか…
言葉ってみんな同じに使っているつもりでいるけど
image
カワイイ
カワイイ
nuance
まったく同じじゃないよね
個人の経験や認識なんかの違いで齟齬がある
それはそもそも貿易というの仕事の認識にしてもそうかもしれないわけで
仲介業?
グローバル企業?
商人?
だからこそいろいろな部署の人たち——言い換えれば見方の違う人たちがごちゃまぜで話し合ったことに意味があるんだ
NO!
クリエーター
自分の中にはなかった考え言葉——
それに気づき
さらに自分の持っている言葉とうまく融合させることが出来たら——?

きっと最も高く
最も大勢と共感し
合える夢《ビジョン》が
掲げられる！
数日後――
ただ今
お配りしたのが
先日の検討会の
まとめになります
どうぞ
ご覧下さい
キーワード
最強のグローバル・トレード・クリエーター
売上目標　500億円
おおっ

「最強」の中には貿易会社として最も大切な安全・安心・信頼が含まれています
グローバルトレーダーとしてこれらを高次元で目指すのは極めて自然で大切なことだと思います
そしてクリエーター
これには少し違和感を感じられる方もいるかもしれません
私もそうでした
しかしちょっと見方を変えてみると
新たな取引先の開拓等は勿論
日々の業務の細やかな改善や改良なども
今までになかった新たな試みという意味では十分にクリエイティブです
全社員が常に新しい試みを忘れず恐れない『クリエーター』であれ！

それがわが社が目指すべき最も高いレベルの夢ではないでしょうか？
…………
クリエーターか
良いんじゃないか？
ちょっと胸アツです
なんかカッコいいな
自分には縁がない言葉だと思ってたよ
パチパチパチ
良かったわかって貰えたみたい
お疲れ様でした椛田さん良かったですよ
パチパチ
高知先生
師匠のスパルタのたまものです…
ちなみにこの経営目標は既に経営陣から概ね了解を得ていますので見直しがなければ正式なものとなります
皆さんもそのおつもりで
はーい
えっ
ホントに良いの？師匠〜!?

さて――
今日のセッションでは皆さんそれぞれビジョンストーリーを作成して貰います
ビジョンストーリーとは望ましい将来像が実現した姿をリアルにストーリー形式で描く方法です
「優れたビジョン」の条件である「イメージ可能性」と「共感性」が備わるようにする為行います
まず将来像についてより具体的なキーワード出しを行い分野別にストーリーを描いていきます
書き方には独特で細かな注意事項がありますのでそれに従って下さい
30分後――
まとまりましたか？
ではそれぞれグループ内で発表して下さい
えっと…
私の番ね
社内で中計策定が進行していた頃のお話です

B事業部では過去売り上げを伸ばせなかった事もあり
保守的な目標案が提示され
プロジェクトメンバーは侃々諤々《かんかんがくがく》の議論をしました
しかしなかなか結論は出ず…
そのとき一番若いA君が言ったのです
「チャレンジしないでどうするんですか！」
その一言で流れは変わりました
高い目標を設定する勇気が生まれ
それを実現化する覇気が湧き上がりました
もちろんその日の主役が他の誰でもないA君であった事は言うまでもありません
新たに取り組んだ戦略的な課題が思った以上の成果を上げたこともあり
最終年度には到底無理と思われた目標が無事達成
事業部長以下皆で達成パーティが開催できました

わっ
パチパチ
パチ
良いですね！
良い話だ
さっきのキーワードとうまくリンクしてる
パチパチ
良かったー♡
パチパチ
あれ？
あのドアの所にいる人…
バイバーイ
社長…っ!?
……………
いつからいたんだろ…
経営企画室
先日ここまでの報告を社長に行いました

ここまでは僕の期待通り
ただ経営目標は想定していたより高めに出てきたね
でもそれが皆が考え望んだ将来像なんだし
ビジョンストーリーのお蔭でそれをリアルにイメージして共感することもできたから
期待通りというより『以上』なのかな？
ホ！
良かった！
ほらほら喜ぶのは早いですよ
掲げた高い目標をどうやって実現させるかが本当の勝負どころなんですから
確かに！
スパルタ
まだまだこれからですね高知師匠！
どんとこい！

05 ビジョン設定

ビジョン策定する上でのチェックポイントは5つあるのね！

▼（1）企業理念を確認する

企業理念は、その会社の存在意義や大切にしている価値感を表明したもののことをいいます。他に「経営理念」や「社是」「社訓」、あるいは「ミッション・ステートメント」等の名前で呼ばれることもあります（図表2−1）。創業者が制定したものや、その後、何かの機会に経営者によって制定されたものが多いです。

四角い額に飾られたまま忘れられているようなケースも見受けられますが、近年その重要性が増しています。海外展開などをする際に、現地の人たちに「我が社はこのような考え方のもとで事業を行っています」と説明する際に必要になるのです。

また、「ウェイ（英語のWayが語源で、理念に

図表2−1 企業理念の捉え方

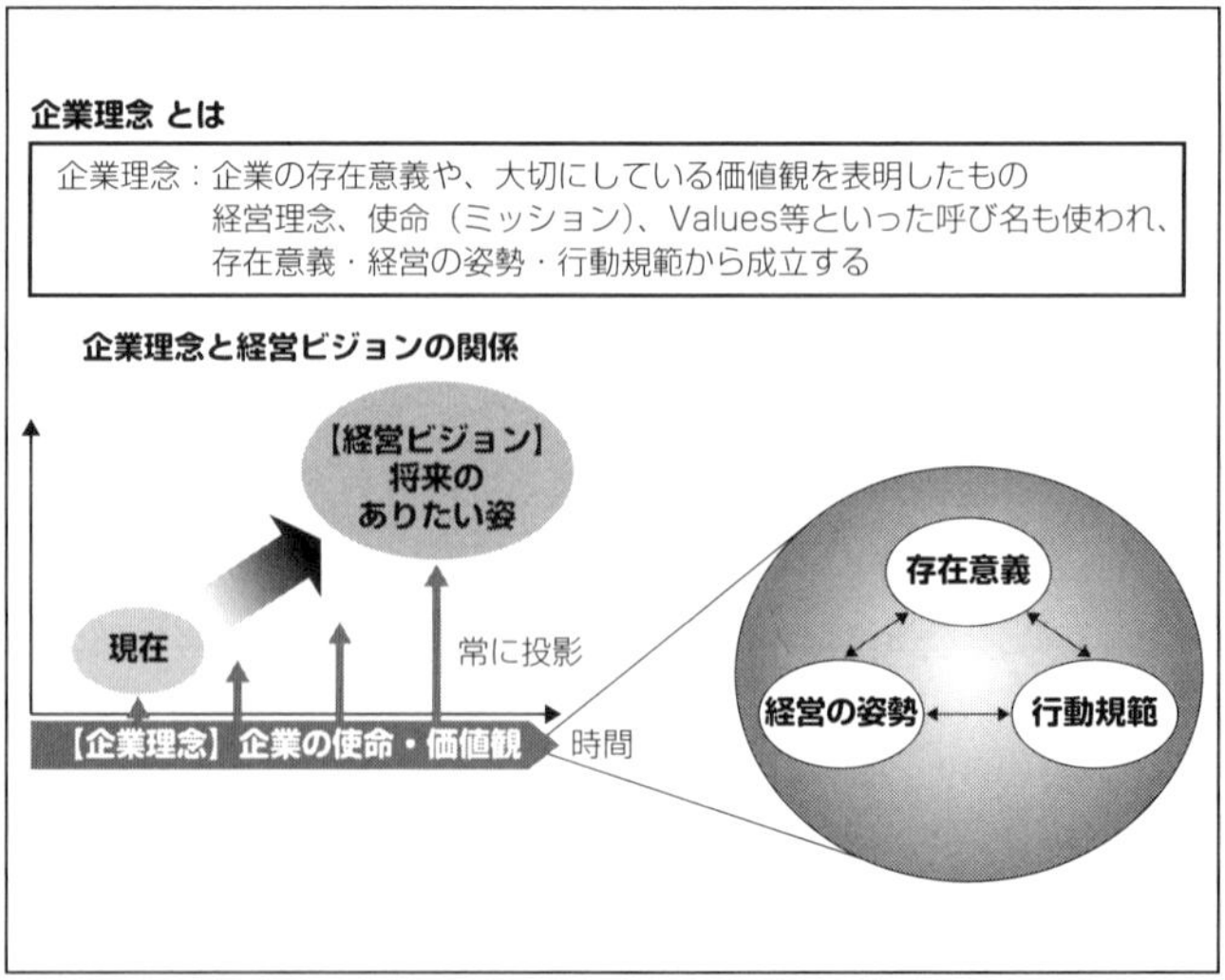
企業理念 とは
企業理念：企業の存在意義や、大切にしている価値観を表明したもの
経営理念、使命（ミッション）、Values等といった呼び名も使われ、
存在意義・経営の姿勢・行動規範から成立する
企業理念と経営ビジョンの関係
【経営ビジョン】将来のありたい姿
現在
常に投影
【企業理念】企業の使命・価値観
時間
存在意義
経営の姿勢
行動規範

始まりその会社の仕組みや仕事の仕方までを含む）の浸透」ということで、自社の事業・業務の考え方、やり方を現地の人たちに浸透させる際に、ベースとなる価値観・考え方が示されているという意味で理念が重要となっています。

国内の事例では、稲盛和夫さんがＪＡＬを立て直す際に京セラフィロソフィーを参考にＪＡＬフィロソフィーを作らせ、元からいたＪＡＬの人たちの考え方を改めさせた例があります。

戦後の日本は、戦前の全体主義の反省から、自由と民主主義・個人主義の傾向を強めたため、個人の価値観・考え方にまでは立ち入らない風潮となりました。しかし、ジェームズ・コリンズなどの研究成果『ビジョナリー カンパニー』において、長く繁栄を続ける企業に共通する特徴として、基本理念を共有していることが分かったのでした。その結果、理念の共有と浸透の重要性が認識されたのです。

理念に使われる言葉の特徴として「価値を提供」とか「信用を旨とし」といった抽象的な表現が用いられる傾向があります。このため、これらのキーワードに説明を加えたり、理念が書かれたカードを配布したり、定期的に唱和したり、人事の目標管理の項目に加えたりすることが行われています。しかし、実際に浸透しているかというと、せいぜい「知っている」レベルにとどまっていることが多く、「理念に基づいて行動している」までは到達していません。

それは、これらの施策が間違っているということではなく、「知っている」以上に浸透度を高めようとすると、別の施策が必要となってくるからなのです。

では、その「別の施策」とは何でしょうか。それは「ストーリーテリング」です。これは「物語を語る」という意味ですが、この場合は、「理念に基づいてとられた会社の施策や個人の行動をそ

図表2－2 理念を浸透させるために必要なこと

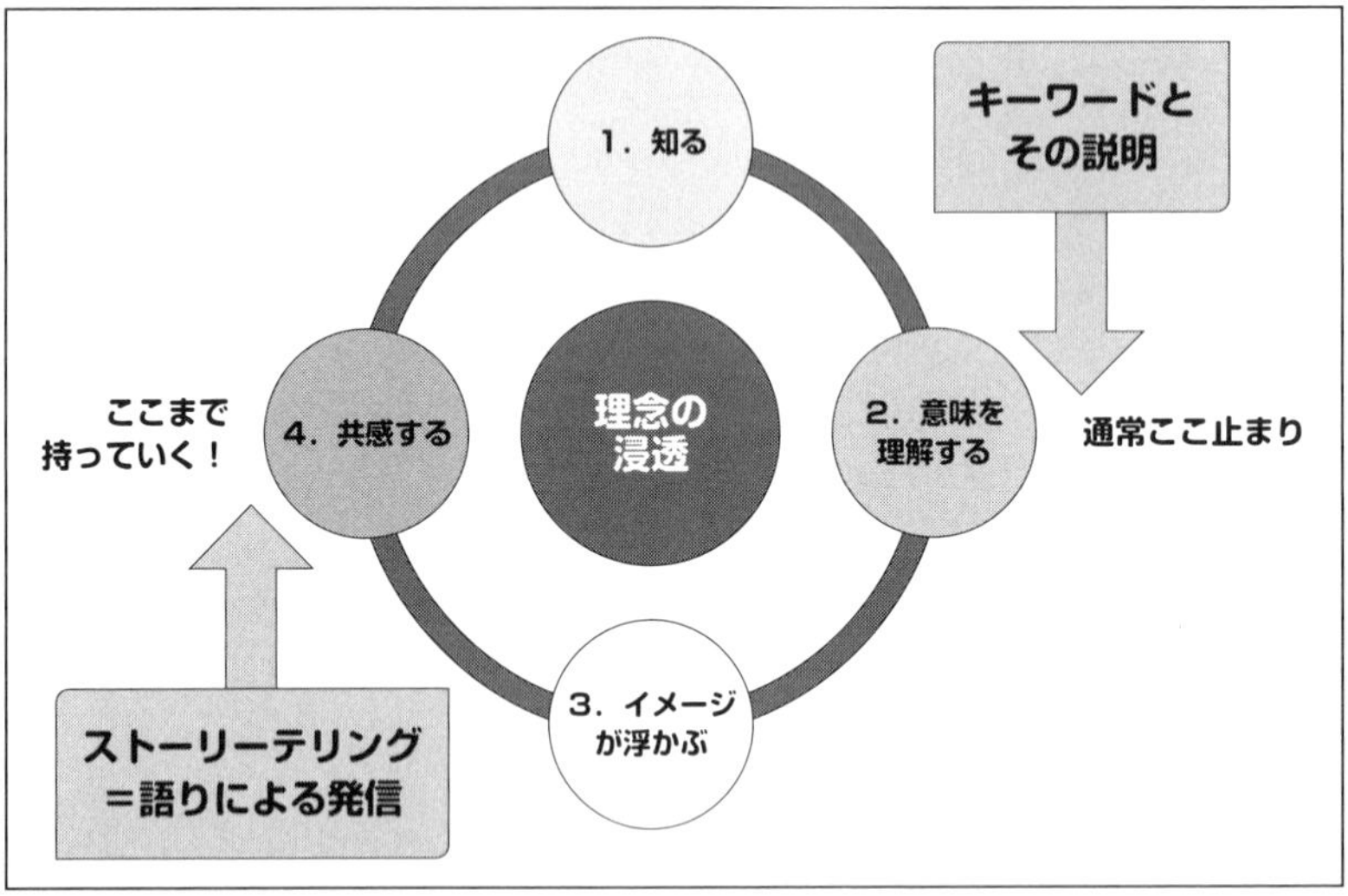

の話を再現するように語って聞かせる」ということです（図表2－2）。

実際に、ＪＡＬでは定期的に従業員が集められ、自身の理念に基づいた行動や行いの体験を話し合うことで、理念の共有・浸透を図っています。これは、誰にも立て直しができないと言われたＪＡＬが再生できた理由の一つとなっています。

▼（2）経営ビジョンを設定する

「経営ビジョン」とは、「企業理念に基づいて実現したい将来の姿」です。「ありたい姿」「あるべき姿」ともいわれますが、この「ありたい」と「あるべき」の違いは何でしょうか。「ありたい」の方が願望や意欲を表し、「あるべき」の方が、当然または必然という意味を持ちますが、「ありたい」の方が若干ニュアンスが弱く響き、「あるべき」の方が強く聞こえます。私自身は、経営者の意欲を表すという意味で「ありたい」の方を使ってい

図表2−3 経営ビジョンの捉え方

経営ビジョンとは

経営ビジョン：企業理念に基づいて、将来実現したい姿
単にビジョン、ありたい姿、あるべき姿等といった呼び名も使われ
市場・社会でのポジション、事業運営の将来像、組織と人のあり方・関係から成立する

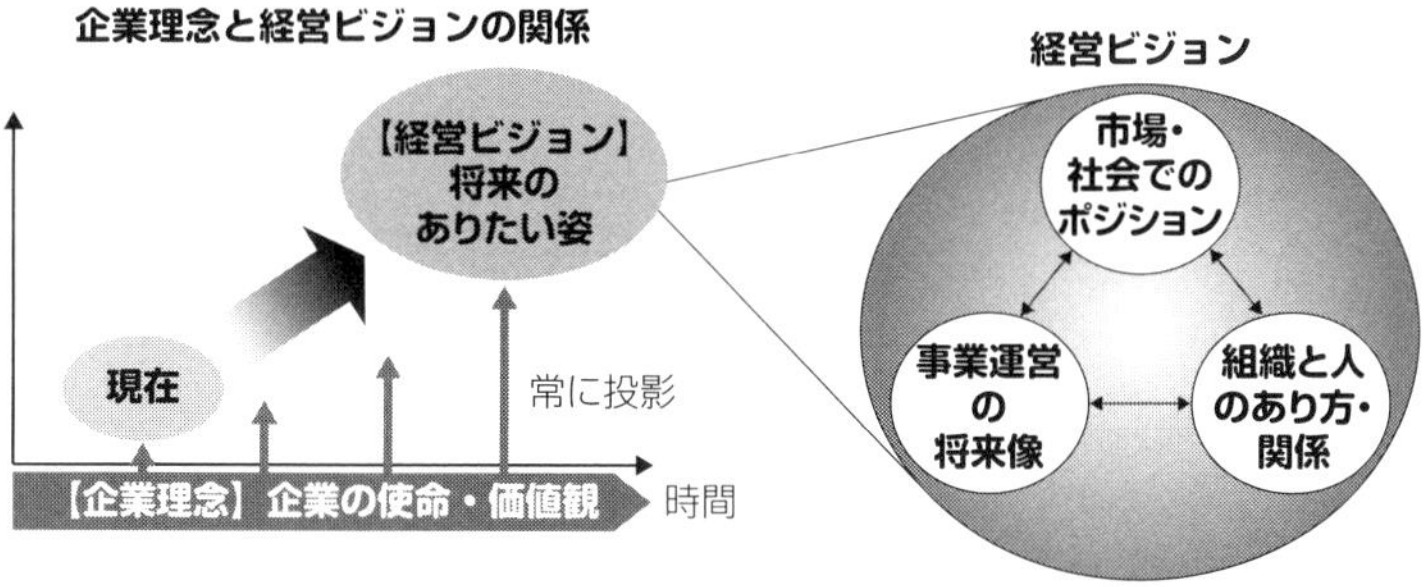

ます。

経営ビジョンの要素としては、①市場・社会でのポジション、②事業運営の将来像、③組織と人のあり方・関係の3つとなります（図表2−3）。

まず、①市場・社会でのポジションでは、「○○業界のリーダー」のように、世の中または業界の中で何と呼ばれたいかということを比較的短いキーワード・フレーズで表現します。

次に、②事業運営の将来像では、①で表現した会社になっているとしたら、社内・事業はどのように運営されていたらよいかということを、いくつかのキーワードやフレーズで表現します（例：「先進的な技術開発」「社外との積極的なコラボレーション」等）。

③組織と人のあり方・関係では、②のような会社になっているとしたら、従業員は、どのようなやりがいや働きがいを持って、生き生きと仕事をしているかを、こちらもいくつかのキーワードや

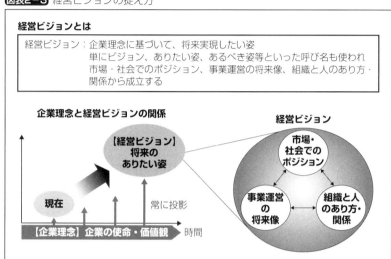

フレーズで表現します。

プロローグで述べたように、世の中にはフォーキャスティング発想をする人が多いため、中計の3年後というと、1年目、2年目、3年目と順序立てて考えることで、「3年くらいじゃあまり変わらないですよね」と、現状と大差ないような将来を想像してしまう人がいますが、変える気になれば、3年あれば結構変えることができるのです。

ですから、あらかじめ「10年後」のような長期ビジョンを検討する方法があります。

「10年後なんて予想がつかないですよ」と言われますが、「予想がつかないから、どうなりたいかを想像するのだ」と返せばよいのです。普段予測しかしていない人に「どうなりたいか」を想像させるのは少々手こずりますが、誰しも想像力は備わっているので、検討できないわけではありません。逆に、10年後のありたい姿が想像できると、実現意欲が湧き、3年後の目標をより高く設定することができるようになります。

経営ビジョンは**図表2-4**の例のように短い文章で表現しますが、文章をみんなで推敲するのは難しいので、プロジェクトメンバーなどで議論する際にはキーワードとその意味するところを中心に議論し、最後の文章化は、文章が得意な人に作文してもらうとよいでしょう。

経営ビジョンを策定する上でのチェックポイントは、以下の5つとなります。

①志は表れているか
②キーワードは適切か
③過不足はないか
④当社らしさが表れているか
⑤社員の理解と共感が得られるか

図表2－4 ビジョンのキーワード抽出例

区 分	キーワード	意 味
市場・社会でのポジション	環境プロ集団	環境に関するあらゆることに秀でた人たちの集まり。会社が関連することは誰にも負けないプロ集団のこと。
事業運営の将来像	国内トップレベルの環境技術	一線級のスタッフ、最新・最適なハード技術及び豊かな経験と実績からから生み出される、我が国最高水準の環境サービス。環境教育ノウハウなども含まれる。
	高い顧客満足	顧客のニーズを的確に把握し、きめ細かな配慮と高付加価値サービスを提供すること。スピード・信頼できるデータ・アフターケアの充実など。
	情報発信	存在感をアピールし「日本に当社あり」の広い認知を得て、「何かあれば当社へ」を定着させる。
	安定的財務基盤	事業を継続できる収益を確保できる基盤を築く。
	先駆的提案	国内トップレベルの環境技術に裏打ちされた環境保全・創造に係る具体的な事業提案をすることなどにより、業務を拡張する。攻めの事業展開。
	地域社会や他機関との連携	これからの社会は協働がキーワード。地方公共団体やＮＰＯなどの情報交換や事業連携などにより、環境活動における地域の拠点となる
	独自性を持った事業	自分たちの持っているスキル・技術で、ボランティア・アドバイザー・マネジメント・教育を通して、当社が主役で、やりがいが持てる事業を展開する。
組織と人のあり方・関係	横断的かつ柔軟な組織運営・業務遂行	縦割り・部内完結・独立採算制を見直し、他部門に関連するものはプロジェクト的な業務の遂行形態をとることによる、無駄のない運営を目指す。
	権限委譲	責任に応じた権限の委譲が必要。
	上下左右にコミュニケーション	「ホウ・レン・ソウ」が大切。情報の共有化による意思の疎通を図る。
	高い目標達成意識	個人が個々に評価軸をもち、常にその水準のレベルアップを意識すること。自己満足ではいけない。
	的確に評価し、処遇に反映	評価制度を策定し、その結果を処遇に反映させる。

①の志は、経営者、あるいは会社として高い志が感じられるものである必要があります。また、④の「当社らしさ」については、自社の経営ビジョンですから、どこの会社にも当てはまるような言葉・表現ではなく、「我が社ならでは」の部分があるといいと思います。⑤の社員の理解と共感は、会社は大多数を占める社員の人たちのやる気・意欲で支えられていますから、彼らが理解でき、かつ共感して、実現への意欲が湧いてくるような表現が必要です。

▼(3) 優れたビジョンの条件

前出(プロローグ「組織変革の8ステップ」)のコッターによれば、変革を成し遂げた組織には優れたビジョンがあり、その共通の条件は図表2-5のように6点あるとのことです。

私は、この中でも特に最初の2つを重視しています。1つ目の「将来のイメージが明確であるこ

図表2-5 優れたビジョンの条件

(1) 将来のイメージが明確であること(イメージ可能性)
(2) 関係者とWin-Winの関係になれること(共感性)
(3) 十分な実現性を持っていること
(4) ビジョン達成に向けた明確なアクションプランがあること
(5) 適度な柔軟性があること
(6) シンプルであること・わかりやすいこと

出所:ジョン・P. コッター著、梅津 祐良訳『企業変革力』(日経BP社、2002年)

と」については、私はこれを「イメージ可能性」と呼んでいます。そして2つ目の「関係者とWin-Winの関係になれること」については、私はこれを「共感性」と呼んでいます。つまり、聞く人・受け取る人にイメージを想起させ、なおかつ「それはいいですね」と言ってもらえるような表現ということです。

この点で、多くの日本企業が提示する経営ビジョンに目線を移すと、「顧客からの信頼が高い企業」のような、抽象的で、どちらかといえば「かっこよさげ」に聞こえる表現にとどまっていて、優れたビジョンの最初の2つの条件に当てはまらないものが多いように感じます。

これには、多分に「経営ビジョン」という言葉が導入された背景に原因があるように思います。もともと欧米の企業では、MVV(Mission, Vision, Value)という3点セットで企業理念やビジョンを表現する習慣がありました。一方、日本の企業では戦前から「社是」「社訓」というものがあり、「社是」はどちらかというとMission（使命）に相当し、「社訓」はValue（価値観）で表される行動規範に相当する内容でした。

そこで欠落している「ビジョン」を付け足すことになって、そのまま英語表現を取り入れてみたのですが、ビジョンがどのようなものであるべきかの議論はあまりなされず、外資系企業が使っている言葉をまねた表現が使われるようになったからではないかと思われます。

言葉の背景はさておき、再生を目指す会社やM&Aで訴求力のある新たな企業像を打ち出す必要がある企業、海外に出て異なる言語・文化の人たちを束ねていく必要がある会社にとっては、それが重要であることには変わりありません。優れたビジョンとしての要件が備わるように工夫を凝らす必要があります。

▼（4）ビジョンをイメージ化して伝える

望ましい将来像のイメージが伝わるようにするには、イメージが喚起できるような表現を使う必要があります。例えば、マイクロソフトのビル・ゲイツは、「コンピュータをすべての机と、すべての家庭に」をスローガンに掲げました。そして21世紀の現在、彼の掲げたスローガンは見事に実現しています。

イメージが伝わる言葉にするには、ビジョンを打ち出す提案者自らが、自分でイメージをして、その見えた様子を「人に伝わるように」表現する必要があります。

その見えた様子を伝えるために、私は「ビジョン・ストーリー」という手法を使っています。望ましい姿を想像して、その様子をストーリーで表現するのです（**図表2－6**）。

マンガのストーリーにもあるように、実際にいろいろな企業でビジョン・ストーリー作りに取り

図表2－6 ビジョンをイメージ化して伝える

組んでもらっていますが、作った人たちはモチベーションが上がりますし、そのストーリーを聞いた人たちからは、「わかりやすい」「共感できる」等の感想が聞けました。

ビジョンがビジュアル化できることのメリットは、社員の実現意欲が湧いてくるということです。

本田技研でASIMOのプロジェクトが発足した時の指示は、「鉄腕アトムを作れ！」だったそうです。手塚治虫が描いた日本初のアニメである「鉄腕アトム」は、その当時のプロジェクトメンバーにとって、格好のビジョンイメージとなったことでしょう。

このように、ビジョンはイメージが伝わるように表現する必要があるのです。

▼（5）事業領域を定義する——広がりと具体性の両立

ビジョン設定パートの3つ目の要素は事業領域の設定です。事業領域は英語で「ドメイン」といい、どのような分野で事業を行っていくかを表現します。

ドメインの検討には2つのアプローチがあります。一つはアンゾフのマトリックスを使って顧客や市場、製品・サービス群を広げる検討であり、もう一つはドメインを要素分解して、新たなドメインコンセプトを作る方法です。いずれにしても、企業はゴーイングコンリーンとして利益を増やし続けなければなりませんから、売上を拡大するためには何らかの意味で事業領域を拡大する必要がありますので、その検討に役立てます。

まずアンゾフのマトリックスからですが、イゴール・アンゾフが考え出したマトリックスで、**図表2－7**にあるように縦軸に顧客・市場、横軸に製品・サービスを置き、両者とも既存&既存の市場深耕からスタートし、縦に市場開拓、横に製品・サービス開発、斜めに多角化の方策を具体的に検

図表2－7 アンゾフのマトリックス

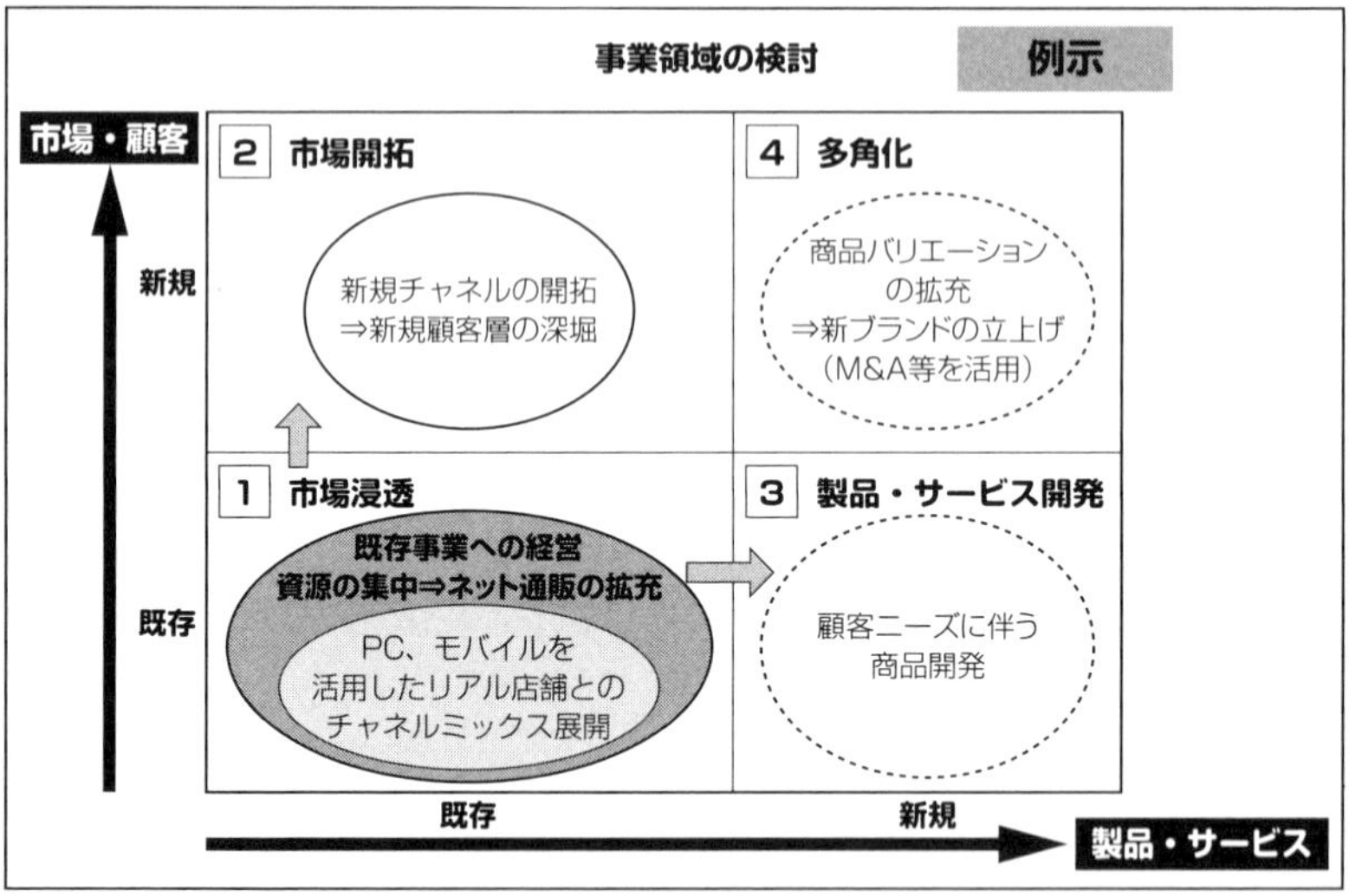

討していくものです。中期計画のみならず、新製品新規事業の検討にも活用できます。

アンゾフのマトリックスを検討する際に、既存の市場深耕、市場開拓、製品・サービス開発、多角化のそれぞれのセグメントについて、売上高や利益目標を設定します。これにより、事業別にどの程度伸長させる必要があるか、またどのような新規事業が必要かを具体化することができます。

次にドメインの要素分解ですが、ドメインの要素には①対象顧客・市場、②独自能力、③提供価値の3つがありますから、それらをいったん別々に検討し、その上で3つの要素を盛り込んだ少し広がりのある表現の言葉・フレーズを作ります。

図表2－8の事例は、キッコーマンをイメージして作ったものです。日本独自の調味料や発酵手法を用いたものを世界に広げるという意味が込められています。このように表現することで、現在の製品群よりもより広い範囲で製品・サービス開

図表2−8 ドメインの要素

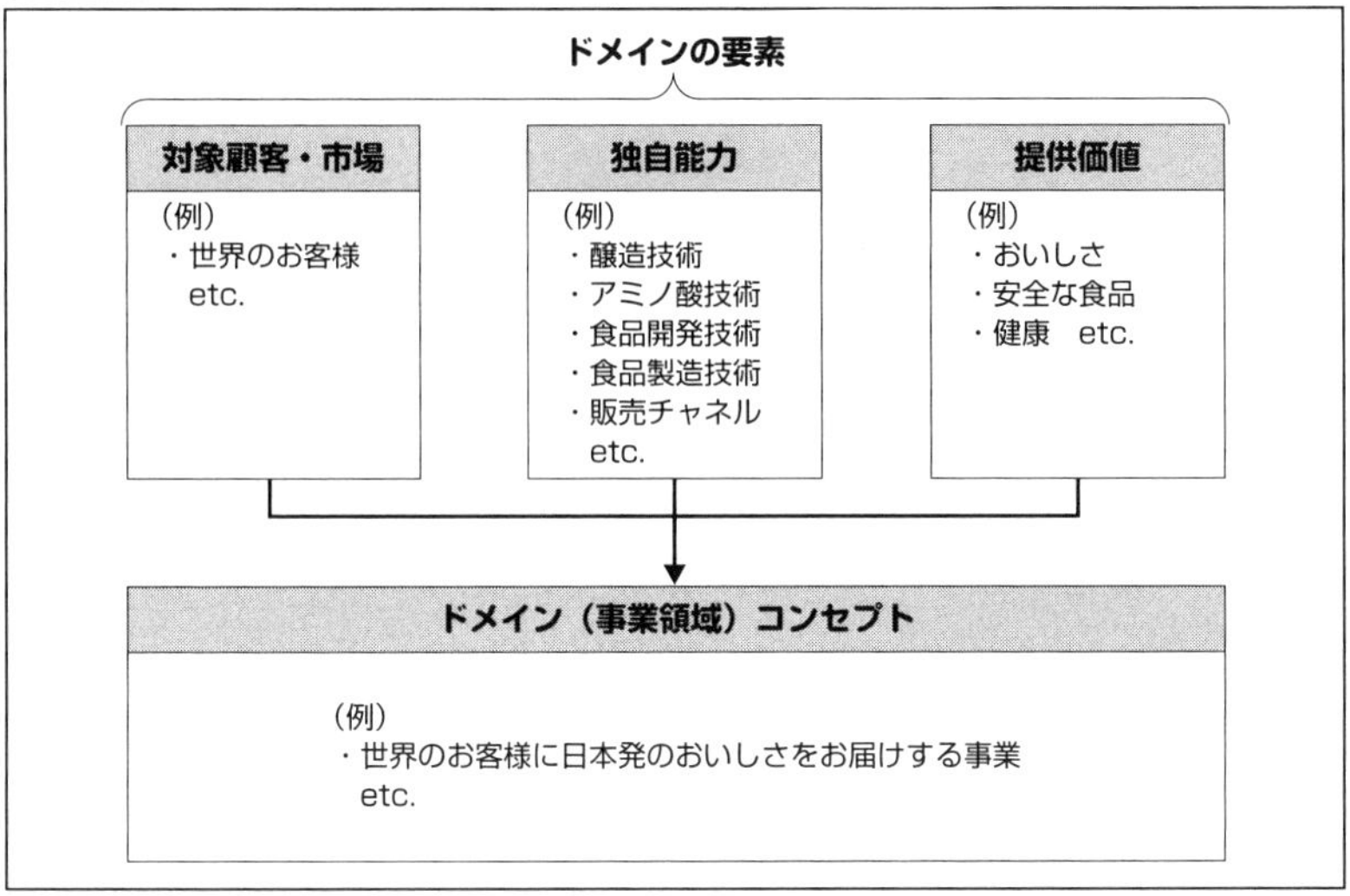

発を行うことができます。

実際の事例としては、ネット通販のアスクルがあります。「アスクル」という名称は、「明日届く」という意味で、ドメインの3要素の中では提供価値を表しています。これを社名にしているため、顧客はオフィスに限定しないで展開できますし、製品・サービスも文房具に限定する必要はありません。

このように、自社の独自能力や顧客への提供価値を軸にして事業領域を広げられるようなドメインコンセプト設定ができるといいと思います。

▼（6）経営目標を設定する――ストレッチ目標か堅実目標か

経営目標の設定方法には、①ビジョンリード型、②目標達成型、③積み上げ型、④成り行き型の4種類があります（図表2−9）。

おすすめなのは、経営ビジョンと経営目標を整

図表2－9 経営目標の設定方法

■ビジョンリード型

ビジョンの具体化（ありたい姿の具体化、目標とする指標と達成時期）がカギ

■目標達成型

特定の目標（例：シェア・利益）を掲げ、その達成方法を検討する

販売力・生産能力・資金力等の制約要因を明らかにして検討する必要がある

■積み上げ型

市場・競合・自社売上・原価等影響要因の分析が重要

■成り行き型

業績の成り行きに任せて設定する方法

・「このまま行くとどうなるか」という予想に役立つ

合性をとって打ち出す①ビジョンリード型ですが、実際にはビジョンを持ち出さないで経営目標だけを打ち出す②目標達成型や、事業部の見込み値を足し算する③積み上げ型の企業が多いように見受けられます。

④成り行き型は論外としても、③積み上げ型では経営者の志が感じられませんし、②目標達成型では目標の意味・意義が伝わりにくく、訴求力のない経営目標となってしまいます。

ここで、目標の立て方について少しお話をします。成り行き目標がなぜいけないかというと、「成り行き」とは「このまま行けば」ということなので、新たな努力をしないことになってしまいます。一方、競合他社は虎視眈々と市場や顧客を狙っていますから、「成り行き」でやっているとジリ貧となってしまいます。

世の中は競争社会ですから、高い目標を持って日々努力する者が報われます。ですから、会社も

個人も、今のままではできそうにない高い目標を設定して努力を続ける必要があるのです。

ではどのレベルの目標がいいのでしょうか。ここでは、3段階で考えてみるといいと思います。

図表2-10に示すように、上から①最高の目標、②標準の目標、③絶対に達成できる目標の3段階があります。目標は混乱や誤解を避けるため最終的には1つに絞る必要がありますが、それには検討する順番が重要です。一見すると最高の目標から入るのがよいように見えますが、一概にはそうとは言えません。個人の場合であれば気が大きい人は最高の目標から入っても差し支えないのですが、組織や集団の場合、目標を提示した際にメンバーに与える心理的な影響を考慮に入れる必要があります。いきなりあまりに高い目標を提示されると、普通の人はおじけづきます。そして、失敗を恐れて実力すら発揮できなくなります。ですから、大勢の人を対象にするのであれば、まず③絶

図表2-10 3段階の目標

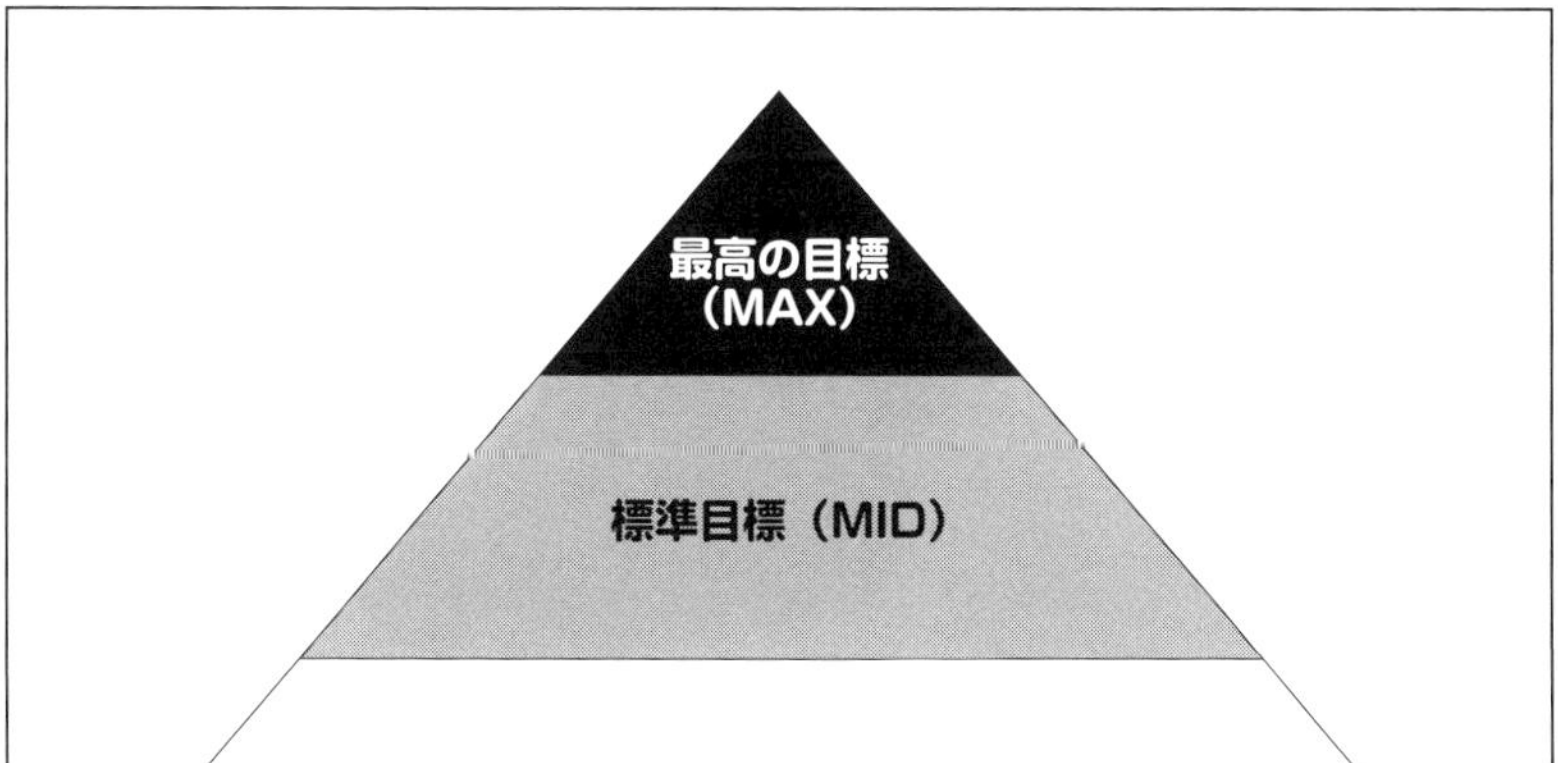

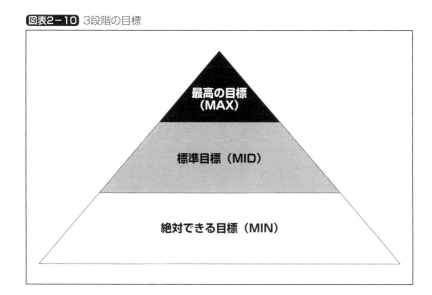

対にできる目標から入って心を落ち着かせ、その上で①最高の目標を提示してやる気を出させ、最終的には時の運もありますから、リスクも考慮に入れて②標準目標に落ち着かせます。このように、心理的影響というものを考慮に入れて目標を設定するとよいでしょう。

私が目標設定を指導する場合は、経営ビジョンで述べたように、まず10年後の経営目標から検討します。そしてそれを中期計画の3年後に引き戻します。こうすることで、フォーキャスティング型発想の人にもバックキャスティング型発想をする機会を与えられます。

経営目標は、会社全体の目標とその内訳としての事業別の目標を併せて検討します。その際に、アンゾフのマトリックスで検討したセグメント別の売上高目標を参考にして設定します。

なお、経営者の通知表は財務諸表ですから、売上や利益だけでなく、バランスシートやキャッシュフロー計算書のことも考えておく必要があります。具体的には、**ビジネス環境分析パート**の自社経営資源分析で紹介した**図表1-7**にあるように、3年後の主要な経営指標を、損益計算書系のものと貸借対照表系のものと、キャッシュフロー計算書系のものにそれぞれ分けつつ、かつ整合性をとりながら目標設定するとよいでしょう。

最近では、コーポレートガバナンスコードによって資本効率目標が求められるようになっています。具体的には、ROAやROE等の指標の目標値で示します。

STEP 3

戦略策定パート

STORY 4 戦略検討

STORY4 戦略検討
山本電機
わいわい
がやがや
なんだか行き詰まってるなぁ…
策定メンバーからも文句が多いし
外部事業環境分析や自社経営資源分析で課題は多いし…
これは取組優先順位付けが難しい上
解決策案を検討しようとしても「それはうちが取り組むことじゃないので」って上から言われるし…
事業部
はぁー…
おかげで食欲もイマイチだよ…

ここ空いてるか？樹開！
あ…円寺！
よっ！久しぶりだな
ああ…久しぶり…同じ社で言うのも変だけど…
開発部門と企画室離れてるからな
どうだ？新しい部署でうまくやれてるか？元エンジニア君は
ん？
え…？
お前痩せた？なんか目が落ち窪んでるぞ
そ…そうか？別に具合は悪くないけど…
………

お前また一人で仕事抱え込んでるだろ
エンジニア時代からの悪い癖だぞそれ
ギク
……………えーと…
マネジメントの事は畑違いで良くわからんけどさ
誰かいないのか？先輩とか上司とか相談する相手
ふー
ふー
室長も初めての事で大変で…
よくわからないからやっといて
元気すぎる後輩はいるけど
先輩はいないし…
やっぱ転職かな
そうかあ…
うーん…
誰か相談に乗ってくれる人がいると良いんだけどなあ…

——最後に
経営企画セミナー
講師
高知須留夫
何かありましたら皆さん遠慮なく御連絡下さい
出来る限り相談に乗りますので——
経営コンサルタント
高知須留夫
SURUO KOUCH
…………
助けて高知先生!
カタ
カタ
ダメだ!カッコ悪いけど背に腹は替えられない!
カタ
カタ
From
高知 須留夫
パッ
高知様
先日はセミ
樹開と申します。
本日は是非ご相談したい

えっ
もうメールの返信来たよ
早ッ!
さすが高知先生!
コーヒー1杯飲むヒマなし
樹開様
こんにちは。
お疲れ様です。
ご相談内容
了解いたしました
出来れば
コンプライアンスに
抵触しない範囲で
御社の体制と進め方を
教えて下さい
チラ…
高知先生なら信頼できるし
コンプラギリギリまで大丈夫だろう
カタ
高知先生
早速のお返事
ありがとうございます
弊社では——
カタ
カタ
カタ

なるほど
御社の状況は
概ね把握しました
では
セミナーでもご紹介した
クロスSWOT分析と
成功パターンの検討を
してはどうでしょうか？
クロスSWOT分析！
ガサ
ガタ
そういえば
セミナーの
資料が…
バターン
あった！
これだ！
クロスSWOT分析
内部要因
強み(S)
弱み(W)
外部要因
機会(O)
脅威(T)
SO戦略
強みを機会に
活かす
WO戦略
機会に活かす
ST戦略
強みで脅威に
対処
WT戦略
弱みと脅威を
最小化
おさわがせして
スミマセン…
はは…
高知先生
アドバイス
ありがとうございます
これを基に
頑張ってみます！

室長 今少しお時間 よろしいですか？
ああ いいよ
何？
この先の 提案なんですが
これを 実施したいと 思うんですが…
クロス SWOT 分析？
あ… あれ？ なんだ？
やりたいの？ これ
ジロリ…

え……
あ…
はい
策定メンバーから
あれだけ文句が
出ていても
やりたいんだね
は？
別に
やってくれても
良いけど
僕は
わからないから
君が責任もって
進めてね！
ヤバイ！
室長
なんだか
知らないが
超不機嫌だ！
これだけじゃ
ないんだよね？
追加項目として
各事業部にも
書かせること
出来るんだよね？
が…
頑張ります！
頑張ります…か
便利な言葉だな
あの室長…
いいよ
いいよ
君に任せる
から！
室長
不機嫌ですね
………

いろいろ言われてますからねぇ経営企画室
中間管理職のしんどいところですよね
甲作君！この間の書類どうなってますか？
あはい！
言われる前に持ってきて！
スミマセン…
こりゃますます前途多難重い荷物背負い込んじゃったかな…
パッ
From
あ
樹開さんお疲れ様です！
椛田さんだ！
会社アドレスにメールはめずらしい
突然ですが明日の午前中所用で御社の近くまで参ります

お時間ありましたら
御一緒にランチは
いかがでしょうか？
カタ
いいな…
少し
椛田さんの元気を
分けて貰いたい…
お疲れ様です
喜んで
樹開
Cafe
Tiny Baby
はあ
そんなことが
あったんですか
それは
大変でしたね

なんか
すみません
愚痴っちゃって…
私で良ければ
いくらでも！
同じ高知
チルドレン
じゃないですか！
俺
カッコわりぃ…
あ…
ありがとう
キラキラ
同志
それより
このことも
高知先生に
相談しました？
いえ
まさか…
いくら何でも
愚痴は
言えませんよ
でも…
いいんです
alad
Bar
何とかします
から

やるしかないんで…
経営企画室
あ〜久しぶりにちゃんとランチ食べたからちょっともたれてるな〜
情けない…
あれ？高知先生からメールだ
From
高知　須留夫
パッ
なんだろ？
お疲れ様です
椛田さんから
伺いましたが——

椛田さんがあの後すぐに連絡したんだ…
改革に取り組んでいる間はどんな組織でもいろいろな抵抗勢力が生まれます
それは仕方のないことです
またそれが改革が進んでいる証明でもあるのです
僕は少しずつでも前へ前へと進む樹開さんを応援していますよ
ありがとう高知先生…
早速ですがクロスSWOT分析を集める前に
協力的な事業部に自事業部サンプルを書いて貰ってはどうですか？
フレームワークはどの会社でも当てはまるよう作られていますが他社事例ではピンとこないものです

クロスSWOT分析（家電事業部事例）

		内部要因	
		強み(S) ①低コスト ②最新の電子デバイス	弱み(W) ①ブランド認知度 ②海外要員不足
外部要因	機会(O) ①スマート家電ニーズ ②新興国成長	SO戦略：強みを機会に活かす 自前のAI機能でスマート家電(S②O①②)	WO戦略：弱みを補完して機会に活かす 他社の海外経験者を採用し、海外生産(W②O②)
	脅威(T) ①新興国の低コスト家電	ST戦略：強みで脅威に対処 自社新興国拠点で生産し、輸入及び周辺国へ(S①T①)	WT戦略：弱みと脅威を最小化 OEM受託で新興国製品に対抗(W①T①)

それが自分の会社・事業部に
当てはめて書いてあると
内容にリアル感が出て
自分の事業部でも
当てはめられるのではないかと
思えるようになるのです

樹開はエンジニアからいきなり慣れない経営企画室に回されて
でも一生懸命頑張ってるんですよ
決して諦めない
挫けないエンジニア魂見せてるんです！
円寺……
少しくらい加勢してやりたいと思いませんか？
ふ…
仲間思いだな円寺
よし！うちはお前が中心になってやれ！
もちろんバックアップはする！
ありがとうございます！
わァァ

円寺
ありがとう！
なんの！
せっかくお前が
頼ってくれたん
だからな！
その後
家電事業部では
課長肝いりで
営業成績上位の
係長クラス数名と
経営企画室も加わり
検討会を開催した
そして
数時間後――
わが事業部の
新しい戦略が
見えたな
ほう
やったね！！
家電事業部の
事例を基に
他の事業部でも
同様の検討会の
開催を依頼した
必要があれば
経営企画が
出向きます！
お声掛け下さい

そうして
ようやく
各事業部の
戦略の方向性が
見えてきた——
これなら転職先
探さなくても
良さそうですね
冗談ですんで
良かったよ…
大和貿易——
部長
各事業部から
自社経営資源分析が
集まったので
後ほど
纏めたファイルを
メールで送ります
ああ
素早いね
助かるよ
ありがとう
実は…樹開さんの
所でやったって
聞いていたから
予習して
おいたんだよね
ふふ
ありがとう
樹開さん♡

この後
高知さんからの指示で
前回のビジョン設定に対して
自社経営資源分析を基に
ギャップと基本戦略の
設定をするそうだ
また一歩前進ですね！
高知の指示のもと
部内では
「パラダイムシフトの検討」と
基本戦略設定を行い
変革分野 | これまで | これから | それに向けた変革課題
1. 事業領域
2 ビジネスモデル
3. 市場展開
4. 競合相手
5. 商品開発
6. 分業構造
7. 提携関係
その他
わかりました
それに続いて
事業戦略
機能別戦略
組織戦略を
具体化
事業戦略では
事業別グループに
分かれて
検討を行った
なんか…みんなの
集中力がスゴイ…
滑らかな
呪文みたいに
有意義な意見が
次々と出て
みるみるうちに
必要項目が
埋まっていく…
そうまるで――

みんなが高知先生の
魔法にかかって
しまったみたいな――
改めて高知先生の
凄さを思い知った
1日でした
――そんなわけで
ふーん
そんなことが
あったんだ…

やっぱり良いなぁ椛田さんは…
高知先生がいつもそばにいるんだもん…
弱音と言う名の本音
ピコ
ピコ
んっ?
しまったついそのまま打っちゃった!
あ〜〜! 俺の無様な心の声が〜!
あれ…?
……
Pi
世に困っている高知チルドレンあらば
パ
きっといつでもどこでも素敵な魔法で助けてくれますよ
だって高知先生は私達の魔法使いですから──!

06 戦略策定

経営戦略策定の予備作業として、まず強みと弱みの分析と、成功パターンの分析を行います。

▼（1）強み・弱みと成功パターン

マンガのストーリーにあるように、自社経営資源分析を行うと、自社・自事業の問題点ばかりが見えてしまい、「お先真っ暗」な気分になってしまうことがあります。しかし、皆さんの会社がある程度の年月存続できてきたということは、それなりに長所や強みがあったはずなのです。

欠点ばかり見ていても、展望が開けません。このため、強みと弱みの分析や成功パターンの分析を行って、戦略代替案を検討します。

①SWOT分析・クロスSWOT分析——活かせる強みはどこだ

まずはSWOT分析です。

SWOT分析は、かつてハーバードビジネススクールのアンドリューズ教授が、経験の浅い若手ビジネスマンのために考え出した手法で、誰でもステップを踏んで検討できるので便利だということで広まったものです。

具体的には、**図表3−1**にあるように、まず内部要因である「強み」（Strengths）と「弱み」（Weaknesses）を抽出します。この際、なるべく客観的な裏付けのある事柄をピックアップするように心がけます。必要に応じて、外部や顧客にインタビューをするなどして客観的な意見を取り入れるのもよいでしょう。

次に、外部要因である「機会」（Opportunities）

そもそも「戦略」とは何か、自社に落とし込んでみましょう

図表3－1 SWOT分析

	強み（Strengths）	弱み（Weaknesses）
内部要因	・資金力が豊富 ・暖簾 ・堅実経営 ・多角経営 ・素早い改革可 ・情報の対応が早い ・専業メーカー ・コストリーダー ・知名度がある ・広域な販売網 ・社員気質（勤勉）	・人材不足 ・技術者不足 ・原価が完全に把握できていない ・投資意欲が弱い ・オリジナル商品が少ない ・個人商店（組織力が弱い） ・ＩＴ導入が遅い ・計画性に乏しい ・意思決定が遅い ・社員構成が偏っている ・コミュニケーション不足
	機会（Opportunities）	脅威（Threats）
外部要因	・モデルサイクルの短期化による新規参入機会増大 ・防犯・環境意識の高まり ・海外事業への展開 ・インターネットビジネスの普及 ・リフォーム市場拡大→リフォーム商品の出現 ・購買のグローバル化	・競合他社情報(アンチ○○派、情報漏れ) ・素材メーカーのライバル化 ・原材料高騰 ・業界下請化(卸と販売店) ・外資系事業の参入 ・大手ハウスメーカーのシェア拡大 ・輸入製品増大

記入例（部分）

と「脅威」（Threats）を抽出します。要因の中には、捉え方によって機会になったり脅威になったりする事柄もあり得ます。

ここで注意すべきは、単純に抽出すると、強みよりも弱みが多く出てきたり、機会よりも脅威の方が多く出てきたりすることがあります。

これは、抽出している本人たちがマイナス思考に陥っていたり、リスクに敏感になっていたりするためで、物事のプラス面やチャンスにあまり目を向けようとしていないことの現われといえます。ですから、左右の分量のバランスをとるように注意しましょう。

一定量が抽出できたら、次にクロスSWOT分析に進みます。

クロスSWOT分析では、SWOT分析で抽出した4つの要素のうち、主要なものを3つから5つ選択し、**図表3－2**のように周辺に配置します。そして、強みを機会に活かせる組み合わせを「SO戦略」として複数記述します。この際、複数の要素同士を組み合わせても構いません。同様に、弱みを補完して機会に活かすWO戦略、強みで脅威に対処するST戦略、弱みと脅威を最小化するWT戦略というように組み合わせを検討していきます。

どの要素同士を組み合わせたかが後でもわかるように、要素に番号をつけておくとよいでしょう。

また、一人で行うと組み合わせが思いつかないとか煮詰まってしまうことがあります。複数のメンバーでの集団発想法を活用してホワイトボードなどに記述してみるとよいでしょう。

なお、SWOT分析は、事業別に行うケースと事業横断的に行うケース等があります。目的に応じて使い分けるとよいでしょう。

この際、重要なのは、これまでにない新しい組み合わせを思いつくことです。人によってはすでにある組み合わせを記述して満足しているケース

図表3－2 クロスSWOT分析

		内部要因	
		強み（S）： ①コストリーダー	**弱み（W）： ①技術者不足 ②原価把握弱い**
外部要因	**機会（O）： ①海外ビジネスチャンス ②モデルサイクル短期化**	SO戦略：強みを機会に活かす ・低コストを武器に海外進出（S①O①）	WO戦略：弱みを補完して機会に活かす ・他社から技術者をヘッドハントし、短期化に対応（W①O②）
	脅威（T）： ①原材料高騰	ST戦略：強みで脅威に対処 ・他社比常に低コストを維持（S①T①）	WT戦略：弱みと脅威を最小化 ・量産品の在庫を多めに持ち、コスト増要因を和らげる（W②T①）

が見受けられますが、それは単に事後確認しているに過ぎません。新しい組み合わせを抽出するように心がけなければなりません。私のワークショップでは、既存の組み合わせの場合には黒字で、新しい組み合わせの場合には赤字で記述し、どれだけ新しい組み合わせを考え出すことができたかを一見してわかるようにしています。

ただし、ビジネススクールでSWOT分析を学んでも、新しい組み合わせが考えられない人もいるようです。そういう場合は、別途アイデア発想法を学んだ方がよいでしょう。「新しいアイデア」の基本は「既存の要素の新しい組み合わせ」ですから、そのような発想法を学んだ上で、SWOT分析に取り組むとよいでしょう。

クロスSWOT分析では、SO戦略、WO戦略、ST戦略、WT戦略という4種類の組み合わせが出てきますが、この中で最も経営上プラスのインパクトが大きいのは、SO戦略です。なぜなら強みはすでに保有していますし、機会はそこにあるので、実現可能性が高いからです。一方、WO戦略は、弱みを補完しなければならないため、補完できるまでに時間がかかりますし、場合によっては補完しきれない可能性も否定できません。

このように、良い戦略代替案を導き出したいと思ったら、有効な強みと有望な機会をしっかり捉えることが重要なのです。

しかし、すでに見たように、経験が浅くマイナス思考が強い人は弱みや脅威にばかり目を奪われて、本来必要となる強みや機会をうまく見つけられないことがあります。

有望な機会を見つけるには、常日頃アンテナを高く張っておく必要がありますが、忙しく業務に埋没していると、ついついアンテナが低くなり、微弱な機会情報を見逃しがちになります。SWOT分析を行う際には、いったんアンテナを高くして、幅広く情報を集めるようにしましょう。

②成功パターンの分析――再現性と継続性のある「型」があるか

SWOT分析は、戦略代替案の抽出に有効ですが、**図表3－2**のSO戦略「低コストを武器に新興国市場に参入」の場合、参入するまではよいのですが、果たしてその後成功できるのかというと定かではありません。

このため、企業としては再現性のある成功パターンを持っておくと有効です。ただし、成功パターンをいきなり作るのは難しいので、まずこれまでで成功したことのあるパターンを分析してみます。継続企業であれば、これまで何らかの成功パターンがあったからこそ存続できてきたはずですので、その部分を知っている人にも参加してもらい、成功パターン分析を行います。

成功パターンの記述方法は、**図表3－3**にあるように、事業別に→（矢印マーク）と＋（プラスマーク）を組み合わせて表現します。矢印マーク

図表3－3 自社の成功パターン

	これまでの成功パターン	今後の成功パターン
A事業	・新商品開発力（ターゲットクオリティー）→新カテゴリー開発→ファーストエントリー ・機能性商品→サブカテゴリー開発 →ダイレクトセールス体制	・生産体制の効率化→コスト競争力（本体） ・品質体制を武器とした高付加価値商品→ワンランク上の商品をターゲットプライスで供給→新カテゴリー開発
B事業	・国内のインテグレーションと加工会社展開＋物流体制の構築＋販売力を背景とした仕入れ＋安定供給とすべての品揃え→シェア拡大	・国内→海外インテグレーションへの展開→海外拠点から海外拠点への販売
C事業	・輸送技術向上による供給力＋L社のレパートリーの豊富さ（開発力）＋H社の業務用商品力	・原材料確保力＋供給力＋L社のレパートリーの豊富さ（開発力）＋H社の業務用商品力→売上げ拡大
会社全体	・社員のマンパワーによる事業の積極的拡大＋事業部間競争、自立意識による事業拡大＋積極的な投資＋スピード経営、経営のパワー力→国内での急速な規模拡大	・M＆Aを活用したグローバル展開＋マーケティング力強化による国内事業強化＋国内工場再編によるコスト競争力強化→グローバル競争力の確保

は順番を、プラスマークは要素の組み合わせを表しています。この組み合わせが多ければ多いほど、他社が真似しにくいものとなります。

戦国時代、毛利元就は孫子の兵法の「百戦して百勝するは善の善なるものにあらざるなり。戦わずして人の兵を屈することこそ善の善なるものなり」をもとに「戦わずして勝つ」はかりごとを駆使して、国人領主から戦国有数の大大名になり、豊臣政権下では孫の毛利輝元が5大老に名を連ねるまでになりました。これは、「はかりごと」（調略）という成功パターンを繰り返し実施して成功した例です。

現代のコンビニ業界では、長らくセブン・イレブンが1位の座を維持していますが、それは「ドミナント出店」という出店方法と「オリジナル商品」という商品企画方法を組み合わせた成功パターンを駆使しているからです。1日の店別販売高を「日販」といいますが、いまだにローソンやファミリーマートは追いついていません。

成功パターンには、事業としての成功パターンだけでなく、会社としての成功パターンというものもあります。例えば、A事業で成功した経験とノウハウをもとにB事業に進出したり、C事業の顧客をもとにD事業に進出したりすることなどが考えられます。

よく「過去の成功パターンにとらわれすぎてはいけない」と言われますが、まず「過去どのようにして成功したのか」を冷静に分析することは、将来を考えるのに有意義なことです。

これまでの成功パターンが分析できたら、それをもとに今後の成功パターンを描きます。その際には、今後の環境変化や技術革新、新しい取り組みなどを取り入れて描いてみるとよいでしょう。

なお、成功パターンが描け、社内で共有できると、以下のようないくつかの好影響が得られます。

① ベクトルが合う：みんなが同じ方向を向けるようになる
② ブレない：よけいなトライアル＆エラーが減る
③ スピードと効率性が増す：成功パターンが共有できていると、何か新しい提案があったときに、「あのパターンで取り組めばいいな」と社内の意思決定が早くなり、スピードをもって物事に取り組めるようになる。

事実、マクドナルドなどチェーン展開しているところには、不動産会社から新しい物件情報がすぐに入ってきます。それはこうした会社が、社内に物件判別の方程式を持っていて、短期間にイエスかノーかの判断ができるからです。

以前、幹部の出自が異なるために意見が割れていたある大手の機械メーカーの子会社をサポートしたことがありました。サラリーマン出身者が多いため、経営目標設定にあたっては当初保守的な意見が多かったのですが、クロスSWOT分析や成功パターン分析を行ったら、経営目標がぐんと高くなりました。**マンガのストーリー**での山本電機の人たちも、自社経営資源分析では暗い未来しか描けていませんでしたが、このクロスSWOT分析と成功パターン分析で希望が見えてきたのではないでしょうか。

戦略代替案が出てきたところで、ここから正式に戦略策定パートの戦略立案に入っていきます。手順としては、まず目標と実績のギャップの分析を行ってギャップを埋められるような基本戦略を検討し、その後事業別の事業戦略、組織機能別の機能別戦略、組織構造や組織の運営方法を扱う組織戦略（この3つを「基本戦略」に対して「個別戦略」と呼びます）を具体化します。

▼（2）ギャップの抽出——定量・定性の両面で捉える

ビジネス環境分析パートのビジネス環境分析とビジョン設定パートのビジョン設定ができたところで、現状と目標とのギャップを抽出します。

ギャップは、定量と定性の両面で抽出します（図表3－4）。

①定量ギャップ

売上高や利益率のような3年後の経営目標に対して、直近の売上高や利益率のギャップを算出します。この際、目標から実績を引いて、不足分がプラスで表現されるようにします。例えば、売上高目標が400億円で、直近の売上高が300億円の場合、ギャップは＋100億円となります。「それだけ増やさなければならない」という意味で、あえてプラス表現にします。

図表3－4 ビジョンと現状とのギャップ（例）

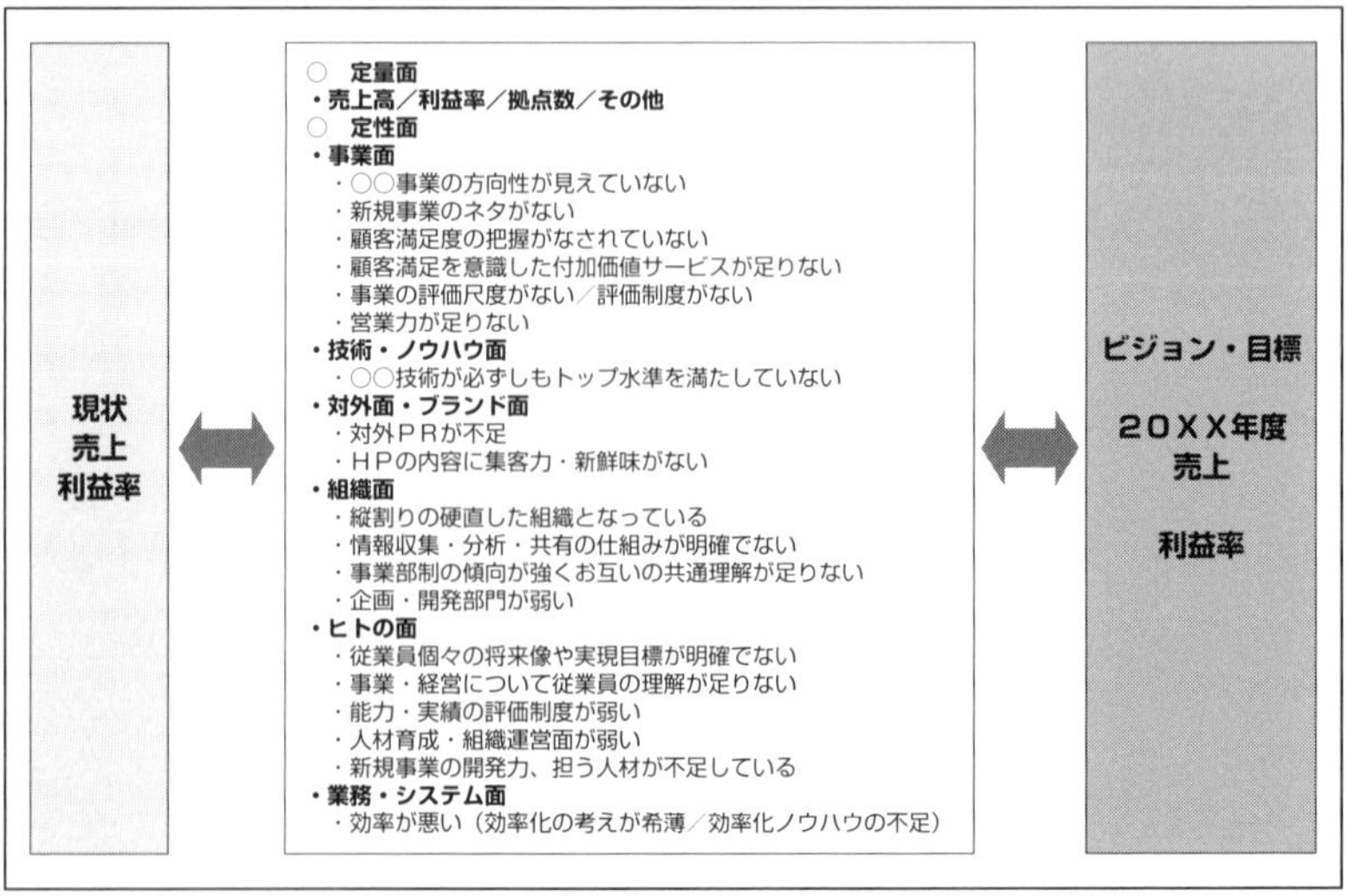

② 定性ギャップ

定性ギャップは、6つの側面で見ていきます。

ⓐ事業面

ビジョン設定で行った事業別の売上高目標や利益と直近の事業別の売上高・利益実績とを対比して、定量的なギャップのみならず、地域的な広がりや製品・サービスの整備拡充、生産キャパシティなど、定量的には表しきれない定性的なギャップを抽出します。

また、新規事業が必要とされる場合には、どのような分野のどのような新規事業かの具体化度合いや、必要とされる技術やノウハウなど、現状とのギャップを抽出します。

ⓑ技術・ノウハウ面

業績を伸ばそうとする際に、技術やノウハウ面で不足する内容について記述します。特許関係もこのカテゴリーに入ります。

ⓒ対外面・ブランド面

経営目標を達成しようとする際に、より知名度を高めたり、ブランドイメージを統一したりする必要がある場合に、どのようなことが不足しているのかを抽出します。ホームページの拡充関係もここに入ります。

ⓓ組織面

業績拡充を図ろうとする際、組織構造や組織の運営方法・情報共有の仕方・意思決定方法等が足枷《かせ》となる場合、そのポイントを記述します。

ⓔヒトの面

事業拡大を図ろうとする際に、海外要員や新規事業要員が不足する場合や年齢階層別に見て若年層が不足する場合など、自社経営資源分析で抽出されたポイントなどを参考に、重要ポイントを記述します。

ⓕ業務・システム面

「業務効率が悪い」「システム化が遅れてい

る」「仕組みが不効率」など、ビジョンで求められるレベルと現状のギャップを抽出します。

▼(3) 基本戦略――「From→To」をはっきり

次はいよいよ基本戦略です。基本戦略は、ビジョン設定パートの経営ビジョン・経営目標と自社経営資源分析パートの現状とのギャップを埋められるような大きな戦略設定をします。

基本戦略は、3~5本位の柱を打ち出します。

基本戦略の要素は、**図表3-5**のように①既存事業の事業展開（地域軸・顧客軸・商品軸）に関わる戦略、②新規事業の分野や展開に関わる戦略、③機能強化（開発・製造・購買・営業など）に関わる戦略、④経営基盤（財務・人事・経営管理・情報システム等）強化に関わる戦略、⑤企業グループの組織編成に関わる方針、⑥その他（時々のテーマに応じて）の6つとなります。すべてについて言及しなければならないわけではありませんが、ギャップを埋めるうえで重要となる戦略を上

図表3-5 基本戦略の要素

- **既存事業の事業展開(地域軸・顧客軸・商品軸)に関わる戦略**
- **新規事業の分野や展開に関わる戦略**
- **機能強化(開発・製造・購買・営業等)に関わる戦略**
- **経営基盤(財務・人事・経営管理・情報システム等)強化に関わる戦略**
- **企業グループ組織編成に関わる方針**
- **その他(時々のテーマに応じて)**

位から順に選択します。

企業によっては、「基本戦略」ではなく「基本方針」などの表現をするケースもあります。日本企業は「方針」という言葉を好みますが、「戦略」に比べると曖昧性が残るように感じます。

基本戦略のポイントは、「From→To」をはっきりさせることです。**図表3－6**の例にあるように、これまでとこれからの違いをはっきりと提示します。記述の仕方としては、From→Toの部分のToの方を基本戦略として記述します。

ここで、**プロローグ**で検討したパラダイムシフト（構造改革）が生きてきます。構造改革しなければならない項目のうち、今回の中計で特に強く打ち出さなければならない事項を、基本戦略として打ち出すのです。

基本戦略のチェックポイントは、「仮にこの基本戦略が成功した場合、前項で抽出したギャップが埋められ、経営ビジョンや経営目標が達成でき

図表3－6 基本戦略では、From→Toをはっきりさせる

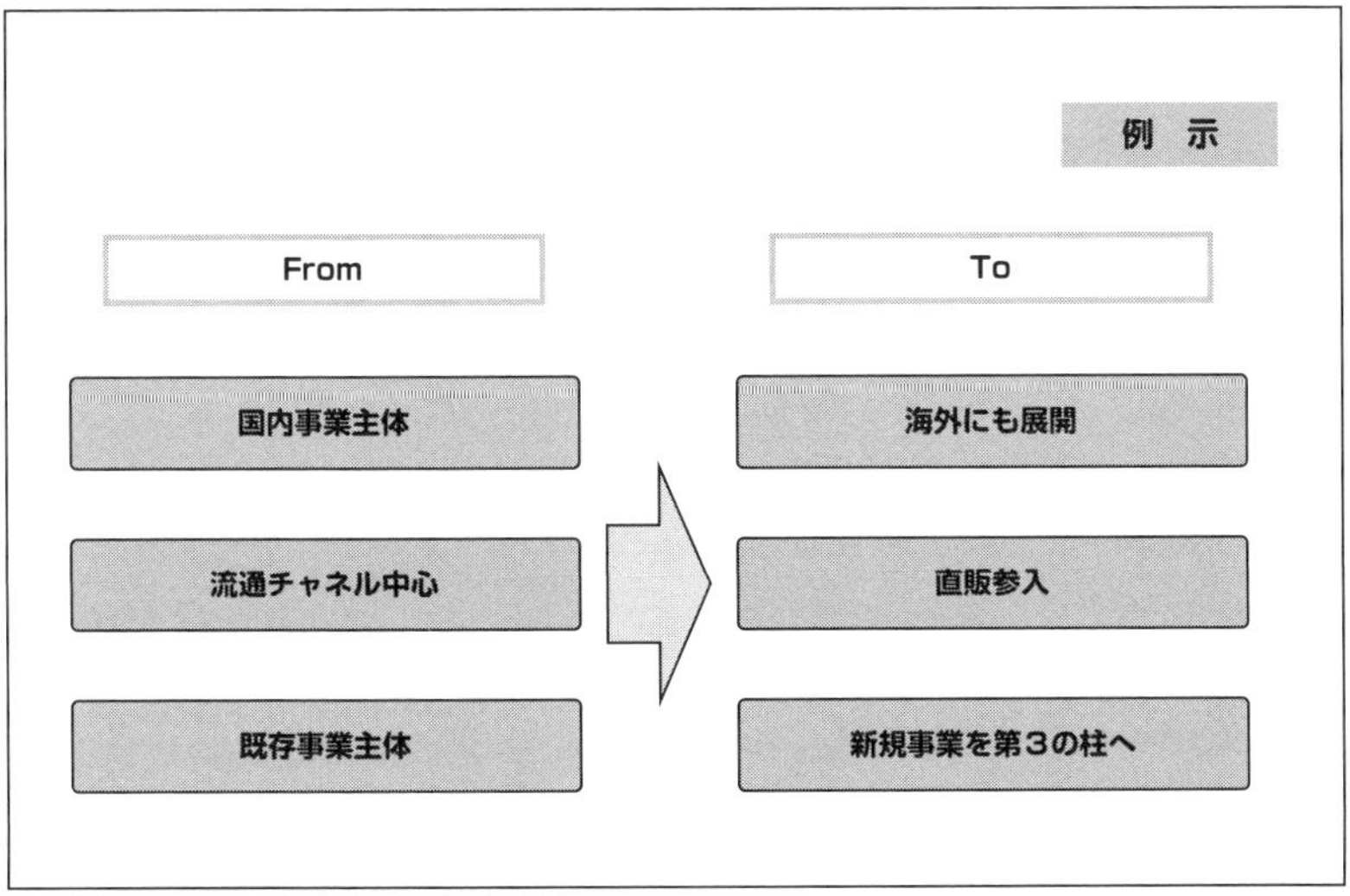

る可能性があるか」です。もしその見通しが立たない場合には、基本戦略自体を見直す必要があります。

▼（4）戦略類型

ここで、戦略類型についてご紹介しておきます。戦《いくさ》に勝つには兵法を知っていなければならないのと同様に、ビジネスで成功を収めるには、ビジネス戦略に通じている必要があります。ビジネス戦略の歴史は100年ほどありますが、その中の主要なものをここで紹介しておきます（図表3－7）。

まず戦略のタイプは、大きく①ポジショニング派と②ケイパビリティ派、③アダプティブ派、④その他に分けることができます。

①ポジショニング派

ポジショニング派の特徴は、外部環境を重視することです。日本で考えるなら、高齢者人口の増

図表3－7 戦略類型

主な戦略類型

■ポジショニング派（外部環境重視派）
- ●競争戦略
  - ・コストリーダーシップ戦略（低コスト戦略）
  - ・差別化戦略
  - ・フォーカス戦略（集中戦略）
- ●ブルーオーシャン戦略—競争のない世界を作る

■ケイパビリティ派（内部能力重視派）
- ●コア・コンピタンスやVRIO等

■アダプティブ派（適応重視派）
- ●試行錯誤

■その他
- ●顧客囲い込み——上得意客を囲い込み
- ●デファクトスタンダード化戦略——事実上の標準を取る
- ●業種別戦略
  - ・エリアドミナント戦略
    ——特定エリアに集中出店
  - ・店舗規模
    ——大型店舗ｖｓ小型効率店舗による展開

加を背景に、高齢者向けの事業に新たに取り組むとか、海外であれば新興国での伸びを期待して新興国に進出するとか、成長性が高く、将来利益拡大が見込める市場への参入や攻略を狙います。

ポジショニング派の代表格はマイケル・ポーターの競争戦略です。ポーターは大胆にも、一般的に競争市場での戦略は⒜コストリーダーシップ（低価格戦略）、⒝差別化戦略、⒞フォーカス戦略（集中戦略）の3つに分けられるとしています。

⒜コストリーダーシップ戦略

コストリーダーシップ戦略は、**図表3－8**のようになるべく広いマーケット、またはマーケット全体を対象にして、低コストを武器にマーケットシェア獲得を狙う戦略です。自動車業界では、トヨタ自動車がカンバン方式などに代表されるトヨタ式生産方式と関連部品メーカーを三河周辺に集結させることにより、競合他社よりも低コストで車の生産ができるようにして国内マーケットシェ

図表3－8 マイケルポーターによる3つの競争戦略

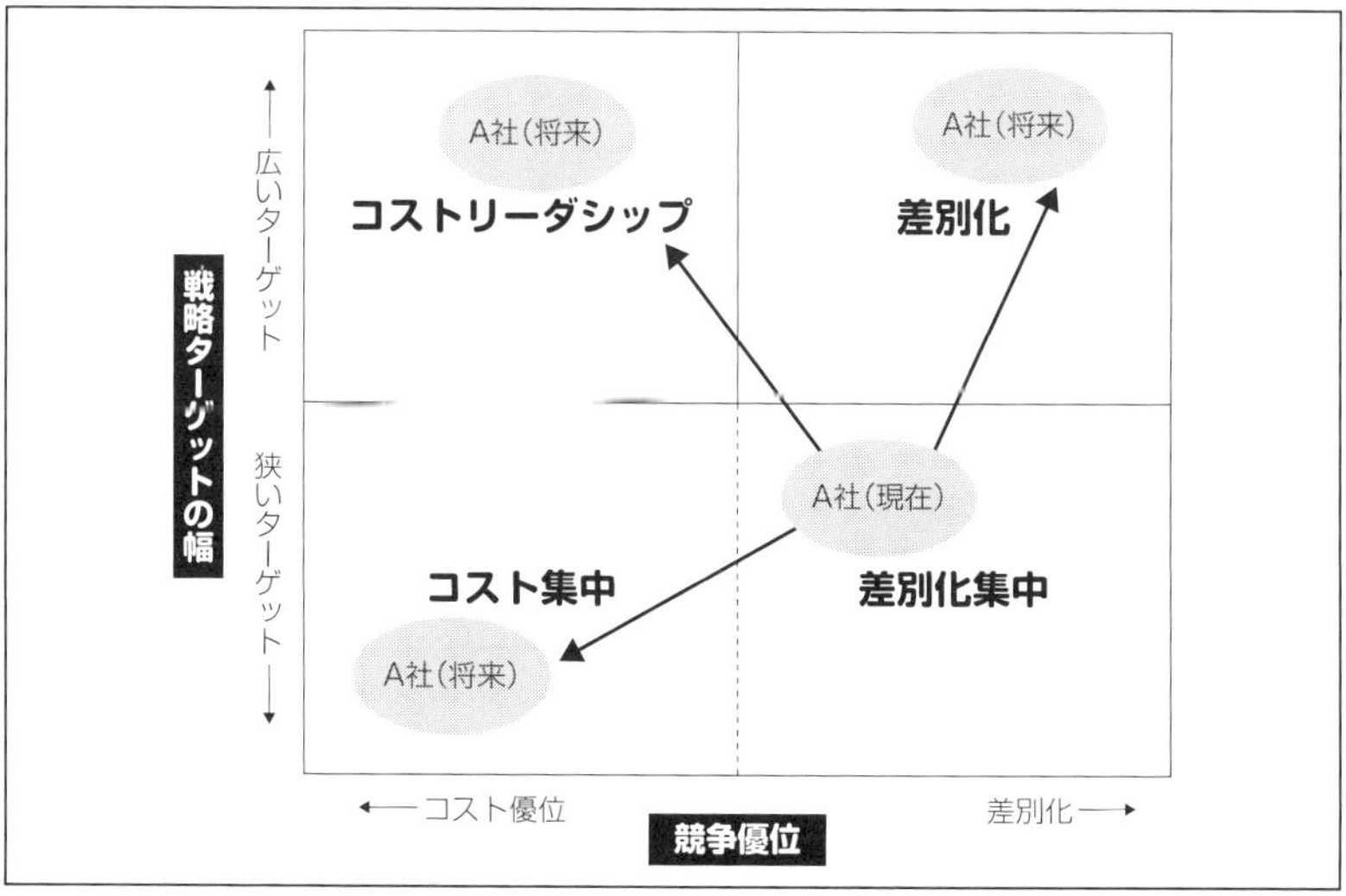

アを拡大していきました。他社よりもコストを低く抑えられるので、価格を抑えたり、価格競争になった際に値引きで対抗する余力が生まれます。

コストリーダーシップ戦略を成り立たせるには、量産化によるコスト低減など、競合他社よりも安く商品を生産できる能力を備えている必要があります。

⒝差別化戦略（差異化戦略とも）

「差別化」とは、英語の「differentiation」の訳で、「差異化」とも呼ばれています。

差別化戦略の基本は、競合する製品に対して、顧客から見て有意な違いを生み出し、その違いに魅力を感じて購入してもらうということです。差別化戦略も、マーケット全体を対象とする点でコストリーダーシップ戦略と対象範囲は同じです。自動車メーカーでは日産自動車や本田技研が採用してきた戦略です。

差別化戦略のポイントは、顧客にとって意味のある差別化を行うことによるコストが余分にかかるため、そのコスト以上の価値を認めてもらう必要があります。コストが余分にかかっているのに価格が同じであれば、その分利益は下がりますので、後の競争力が落ちてしまいます。

また、差別化した商品がヒットすると、マーケットリーダーをはじめ他社がまねをしてくることになります。この場合、どうしたらよいのでしょうか。

その答えは、「さらに別の差別化を試みる」ということです。「まねされたら価格を下げる」のは邪道です。マーケットリーダーよりもコストが高い分、さらに利益率が悪くなります。

このように、差別化戦略の要諦は「差別化し続ける」ことなのです。

⒞フォーカス戦略（集中戦略）

フォーカス戦略のポイントは、マーケット全体を対象にするのではなく、特定のマーケットだけにフォーカスすることです。そうすることによって、特定のマーケット固有のニーズに応えることができます。

自動車メーカーでは、スズキやダイハツなどが軽自動車をはじめ小型自動車を中心に、比較的車両価格が安く燃費のいいクルマ作りに励んでいます。その結果、地方での軽自動車比率は非常に高くなっています。

自動車以外でも、象印やタイガーなどは、魔法瓶をはじめとした家庭用電化製品のニッチな市場を押さえています。

なお、マイケル・ポーターは、後にフォーカス戦略をさらに「コスト集中」と「差別化集中」に分けました。家電製品で低コストを売りにしてきた船井電機などはコスト集中といえますし、自動車でポルシェなどはスポーティーカーで差別化集中戦略をとっているといえます。

ここで、ポジショニング派の一派ともいえる「ブルーオーシャン戦略」を紹介しましょう。2000年代にフランスの欧州経営大学院インシアード（INSEAD）のW・チャン・キムとレネ・モボルニュは共同で研究を行い、東西のさまざまなビジネス戦略を分析し、競合と直接競争をしない土俵を作って事業拡大させる手法を導き出しました。マイケル・ポーターの競争戦略の世界を、激しい競争によって赤字が出ることから「レッドオーシャン」と呼び、自分たちの手法を、競争しないで海が青々としているという意味で「ブルーオーシャン」と名付けたのです。

彼らの提言するブルーオーシャン戦略の長所は、戦略キャンバスやERRCアクションマトリックス等の戦略立案ツールを使うことにより、ブルーオーシャン戦略構築ができることです。

日本の事例では、ソニーのプレイステーションと競合していた任天堂がWiiを導入して、もともとゲームをしない人たちにまでユーザーを拡大して業績を拡大した例や、ＱＢハウスのように理容業界では当然のように行われていたシャンプーや髭剃りを省略し、「カットのみで10分」という時短サービスを駅ナカや駅近で展開した例などがあります。**図表３－９**はＱＢハウスをＥＲＲＣ（Eliminate：取り除く、Reduce：減らす、Raise：増やす、Create：付け加える）アクションマトリックスで分析したものです。

見方によっては、ブルーオーシャン戦略はマイケル・ポーターのいう「差別化」を強くした形態と見ることもできます。

自社でブルーオーシャン戦略をとるかどうかは別にしても、戦略検討の際に、自社の事業でブルーオーシャン戦略をとったらどうなるかを検討しておくのもよいでしょう。

図表3－9 ブルーオーシャン戦略のERRCアクションマトリックス

取り除く(Eliminate) ・シャンプー ・シェービング	増やす(Raise) ・駅ナカ・駅チカの利便性 ・あちこちにあり、都合により選べる
減らす(Reduce) ・価格 ・待ち時間	付け加える(Create) ・パトランプで外から空き状況が分かる ・クリーナーでカットした毛を吸い取る

②ケイパビリティ派（内部能力重視派）

ケイパビリティ派は、市場の魅力度よりも、自社の内部能力を重視します。つまり、たとえ国内で高齢者市場が伸びていっても、自社にその市場で戦えるノウハウや能力等が不足していれば、参入しない方がよいという判断になります。新興国についても同様です。これまで国内市場中心であったためにまだ海外事業を成功させられるノウハウがないという状況であれば、進出しても成功を収める可能性は低いということになります。

ⓐコア・コンピタンス論

ケイパビリティ派の一番古いものは、コア・コンピタンス論です。自社の強みは何かを分析し、その強みが活かせる市場かを判断して市場参入を決めます。例えば、昔のソニーは小型化することが得意でした。大ヒットしたウォークマンも、持ち歩きにくい大きなラジカセが中心の市場に、手のひらサイズの再生専用機を作って打って出たの

図表3－10 コア・コンピタンスの例

コア・コンピタンス候補	実現できる顧客価値	独自性	企業力の拡張性（将来の商品・サービスイメージ）
（ホンダ） 超短期のモデルチェンジ能力（特にバイク）	・最新の技術を新商品に盛り込むことができる	・他社（例：ヤマハ）が追いつけない	・自動車等その他のエンジン搭載機器で力を発揮
（アップル） 世の中にない革新的な商品を開発できる	・全く新しい使い方ができる（iPod, iPhone, iPad等）	・他社が商品化する前に商品化して、新市場を独占する	・iPod以降製品群を広げてきた（次はどうするか？）
（アマゾン） 全世界規模で展開するネットサービス	・本だけでなく、欲しい商品・サービスが、どこにいても手軽に手に入る	・規模とユーザビリティで対抗できない	・本→電子書籍等拡張中

です。図表3－10は、皆さんもご存知の会社のコア・コンピタンスと思えるものをピックアップしてみたものです。

コア・コンピタンスになり得るかどうかは、(i)実現できる顧客価値、(ii)独自性、(iii)企業力の拡張性（将来の商品・サービスイメージ）の３つの観点があります。

(b) ＶＲＩＯ

ケイパビリティ派の２つ目はＶＲＩＯです。オハイオ州立大学で教鞭をとっていたジェイ・Ｂ・バーニーは、持続的競争優位（サステナビリティ）を確保するには、ケイパビリティが重要性であると唱えました。そのケイパビリティを表すキーワードの頭文字がＶＲＩＯです（図表３－11）。

Ｖは「Value」（経済価値：市場で受け入れられ、脅威や機会に適応できる経済的価値がある資源）、Ｒは「Rarity」（希少性：少数の競合企業しか所

図表3－11 リリース・ベースト・ビュー（RBV）のVRIO

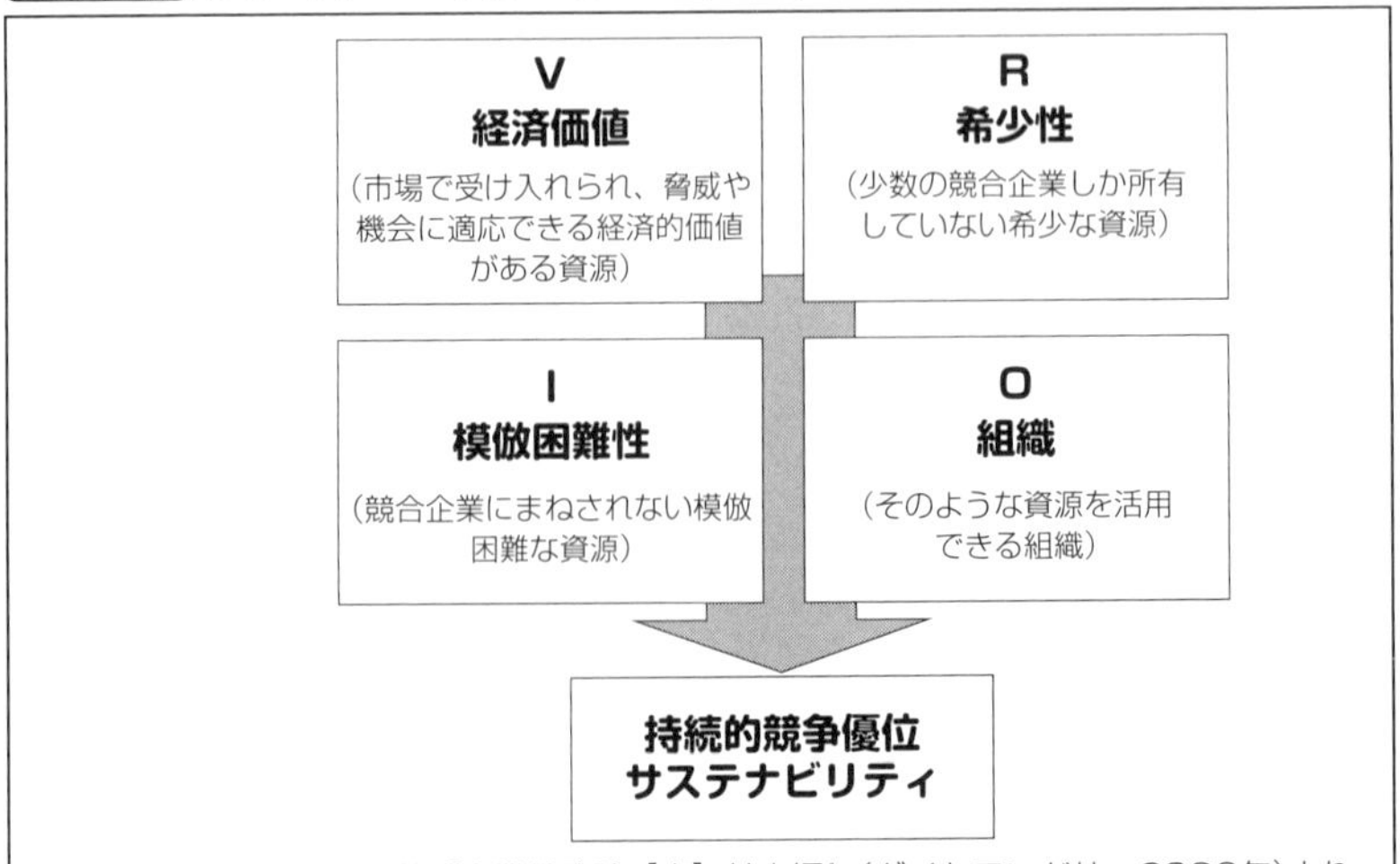

出所：バーニー著『企業戦略論【上】基本編』（ダイヤモンド社、2003年）より

有していない希少な資源）、Iは「Imitability」（模倣困難性：競合企業にまねされない模倣困難な資源）、Oは「Organization」（組織：VROのような資源を活用できる組織）を表します。

このVRIOの4つの要素がすべて揃うと、持続的競争優位が保たれ、業績は標準以上となります。一方、例えばV（経済価値）だけしかないという場合は、他社にまねをされて競争均衡に陥り、業績は標準並みになります。

研究者の間では、「ポジショニング派をとるか」「ケイパビリティ派をとるか」という議論がありますが、実務家の観点では、ポジショニング派の視点でマーケットや競争環境を捉え、ケイパビリティ派の視点で「新規参入して競争優位性が保てるか」や、すでに参入している市場では「今後さらに持続的競争優位性が構築できるか」という視点で判断していけばよいと思います。

③アダプティブ派（適応重視派）

アダプティブ派の基本は試行錯誤です。インターネットの世界のように、3カ月程度で状況が変わってしまうような市場の場合、じっくりと戦略を練るなどと悠長に構えることはできません。日々刻々と変化している市場や競合に対応しながら打ち手を打っていく必要があります。

LINEを立ち上げた森川亮さんが、「事業計画書を作ったことがない」と言っていたことがアダプティブ派であることの証左です。

④その他の戦略類型

その他にも、上得意客を囲い込んで離さない囲い込み戦略や、事実上の標準を形成するデファクトスタンダード化戦略、顧客が利用するプラットホームを形成してその上にいろいろなサービスを取り揃えるプラットホーム戦略、セブン・イレブンのエリアドミナント戦略で見たような流通業固

図表3－12 経営戦略論 略史

年　代	論　者	キーコンセプト
20世紀初頭	テイラー	科学的管理法（作業の標準化）
1920年頃	フェイヨール	経営・管理プロセス⇒PDCA
1930年代	メイヨー	人間関係論（モチベーションの重要性）
1950年代	アンゾフ	アンゾフのマトリクス
1960年代	HBS　アンドリューズ	SWOT分析
1970年代	BCG	PPM　成長・シェアマトリクス
1980年代	ポーター	5力フレームワーク、バリュー・チェーン
	ピーターズ	エクセレント・カンパニー
1990年代	ストーク	タイムベース競争戦略
	ハマー	リエンジニアリング
	ハメルとプラハラード	コア・コンピタンス
	センゲと野中	組織ラーニング　SECIモデル
	バーニー	リソースベーストビュー・VRIOフレームワーク
	キャプランとノートン	バランスト・スコアカード
2000年代	キムとモボルニュ	ブルー・オーシャン戦略
	IDEO・ブラウン等	デザイン思考
	リーブス	アダプティブ戦略

出所：三谷宏治『経営戦略全史』（ディスカヴァー・トゥエンティワン、2013年）を参考に作成

有の業種別戦略、ビジネスモデル派生の戦略等があります。

図表3－12で過去100年間にわたる経営戦略論の略史を紹介しますので、参考にしてください。

◆技術革新への対応

技術革新が業種業態を大きく変えていくことがあります。かつてのレコードはCDに取って代わられ、さらにCDは音楽ダウンロードに取って代わられ、一時はiPodのような携帯音楽プレーヤーが普及しましたが、今は大半の人がスマートフォンで音楽を聴いています。

ヨーゼフ・アロイス・シュンペーターは、イノベーション（技術革新）を「創造による破壊だ」と述べましたが、技術革新によって古い技術や事業者が破壊されて、市場から去っていきます。

エベレット・M・ロジャースは、そのイノベーションの普及プロセスにある法則があることを見つけました。それは、市場には「革新的採用者」と呼ばれるイノベーションを最も早く取り入れる人が全体の2・5％ほど存在し、続いてその技術革新を採用する初期少数採用者が市場に13・5％ほど、その後採用に動く前期多数採用者と後期多数採用者がそれぞれ34％ずつ、そして採用遅滞者が16％程度存在するという分布ですが、これは統計学でいう「正規分布の分布状態」（標準偏差の間隔で分布している）と同じになります（図表3－13）。

最近、これに加えて「キャズム」という考え方が出てきました。「キャズム」とは「深い溝」という意味ですが、技術革新もマーケット全体に普及するものと一部のマニアにしか普及しないものとがあります。その境目がキャズムで、初期少数採用者と前期多数採用者の間に存在しています。Apple Watchなどがそれに相当すると思われますが、前期多数採用者に採用されるには、コスト

図表3-13 技術革新への対応～イノベーションの普及～

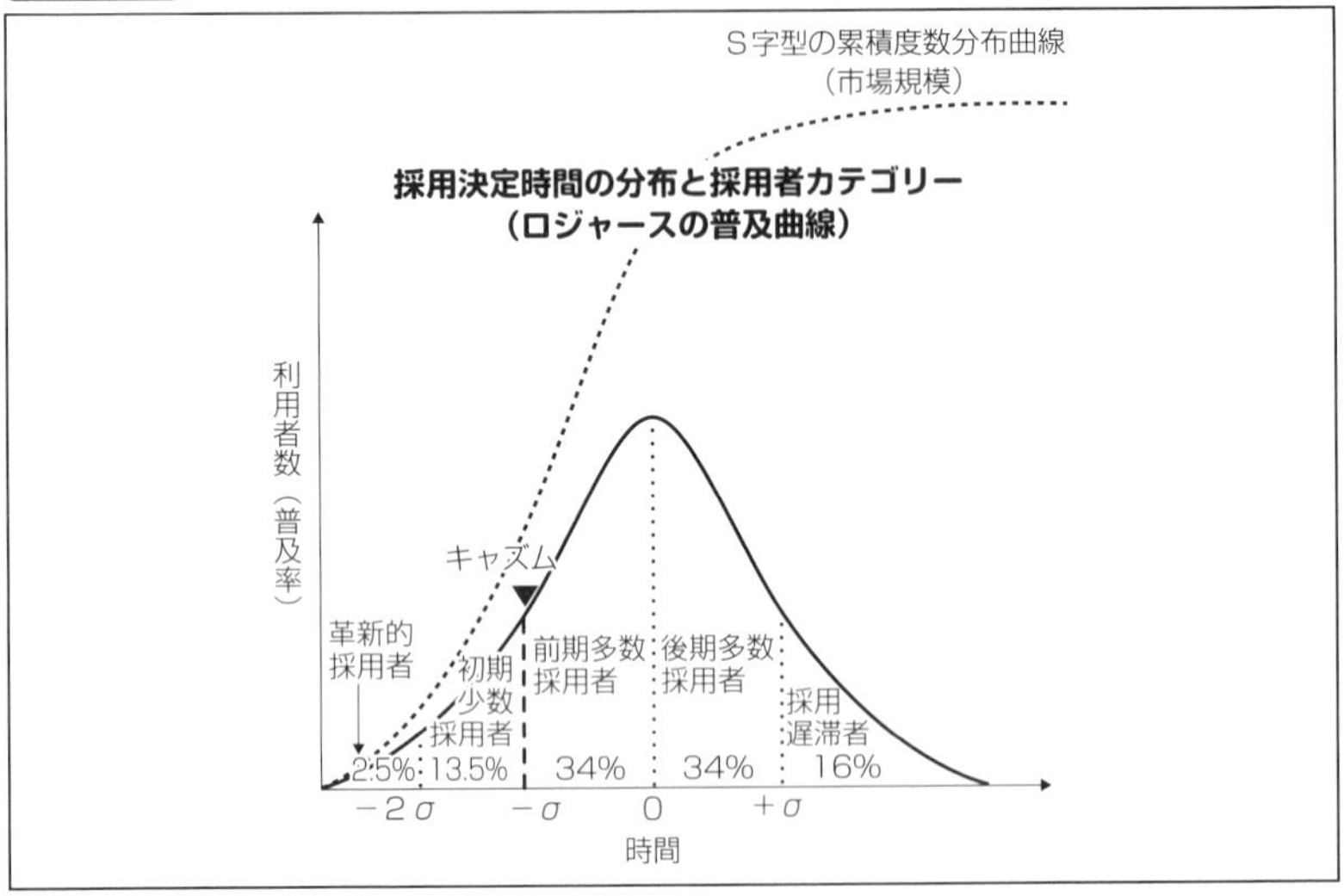

パフォーマンスが重要だということがわかっています。

どの戦略類型を参考にするか、はたまた自社独自のオリジナルな戦略でいくのか、これまでのビジネス戦略史が示す過去の事例と、自社の得意技やリソース、現在置かれた状況と今後の環境変化等を総合的に判断して取り組んでいくとよいと思います。

戦国時代、播磨の国の小領主の家臣であった黒田官兵衛は、歴史的には親毛利派であった領主と家臣を、時代の先を読んで織田方に方向転換させて羽柴秀吉の家臣となり、天下統一に大きく貢献し、息子・長政の代には江戸時代を通じて続いた福岡藩（＝黒田藩）の礎を築きます。このように、時流を読む目が大切なのです。

図表3－14 戦略のレベル

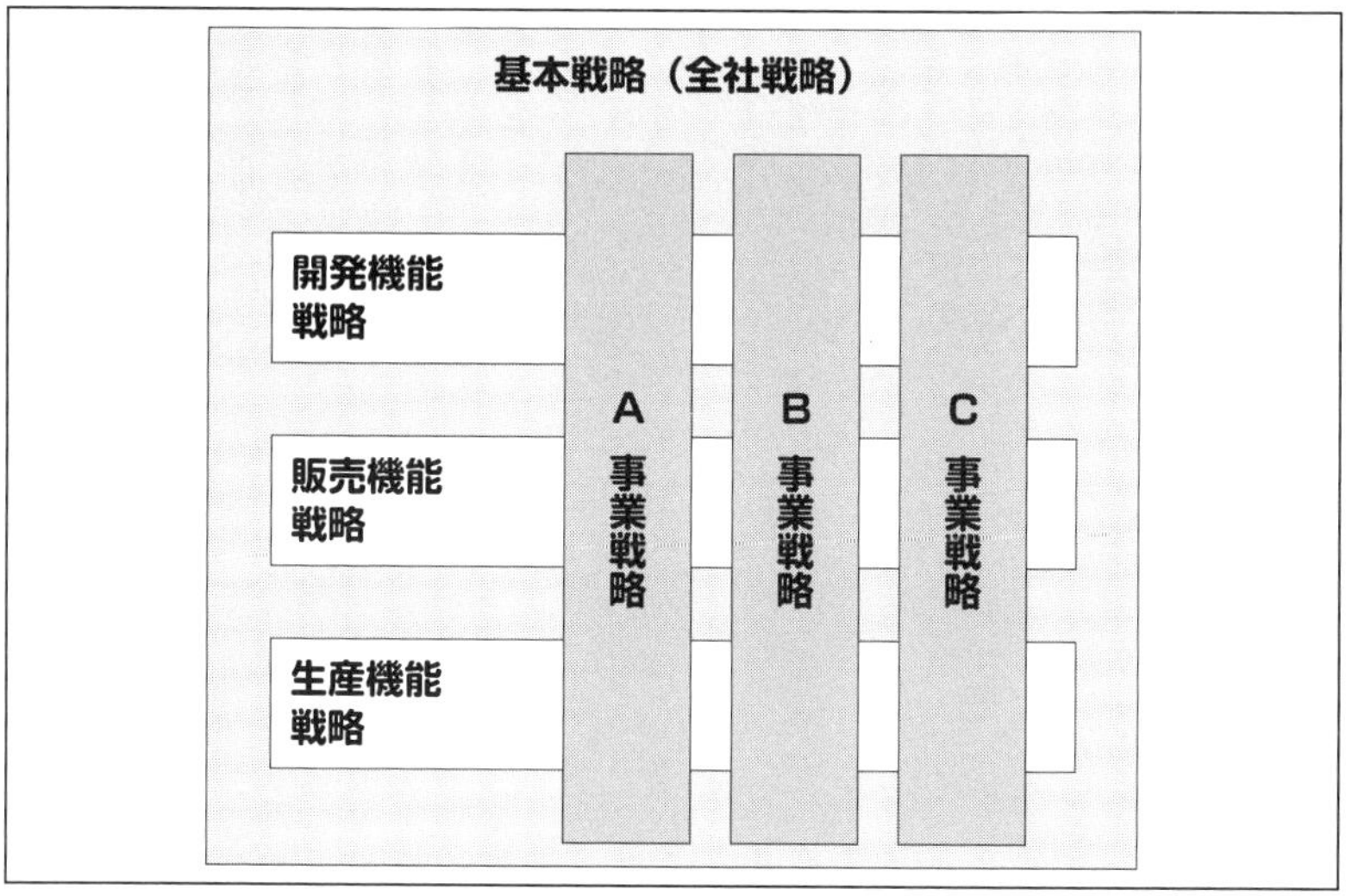

（5）個別戦略を具体化する

個別戦略は、先に述べたように事業ごとの事業戦略、組織機能別の機能別戦略、組織構造とその運営方法を決める組織戦略の3つからなります。

基本戦略と事業戦略・機能別戦略の関係を示すと図表3－14のようになります。全社の戦略的方向性を表すのが基本戦略、そして事業別に事業戦略があり、事業を横串にする形で機能別戦略があります。基本戦略は「全社戦略」と呼ばれることもありますが、企業グループの場合には「全社」というと親会社のことだけを指すこともあるため、一般には「基本戦略」と呼んでいます。

①事業戦略――どの事業戦略パターンをとるか

事業戦略は、事業別に設定します。事業戦略の軸は3つあります。

図表3－15 事業戦略のパターン

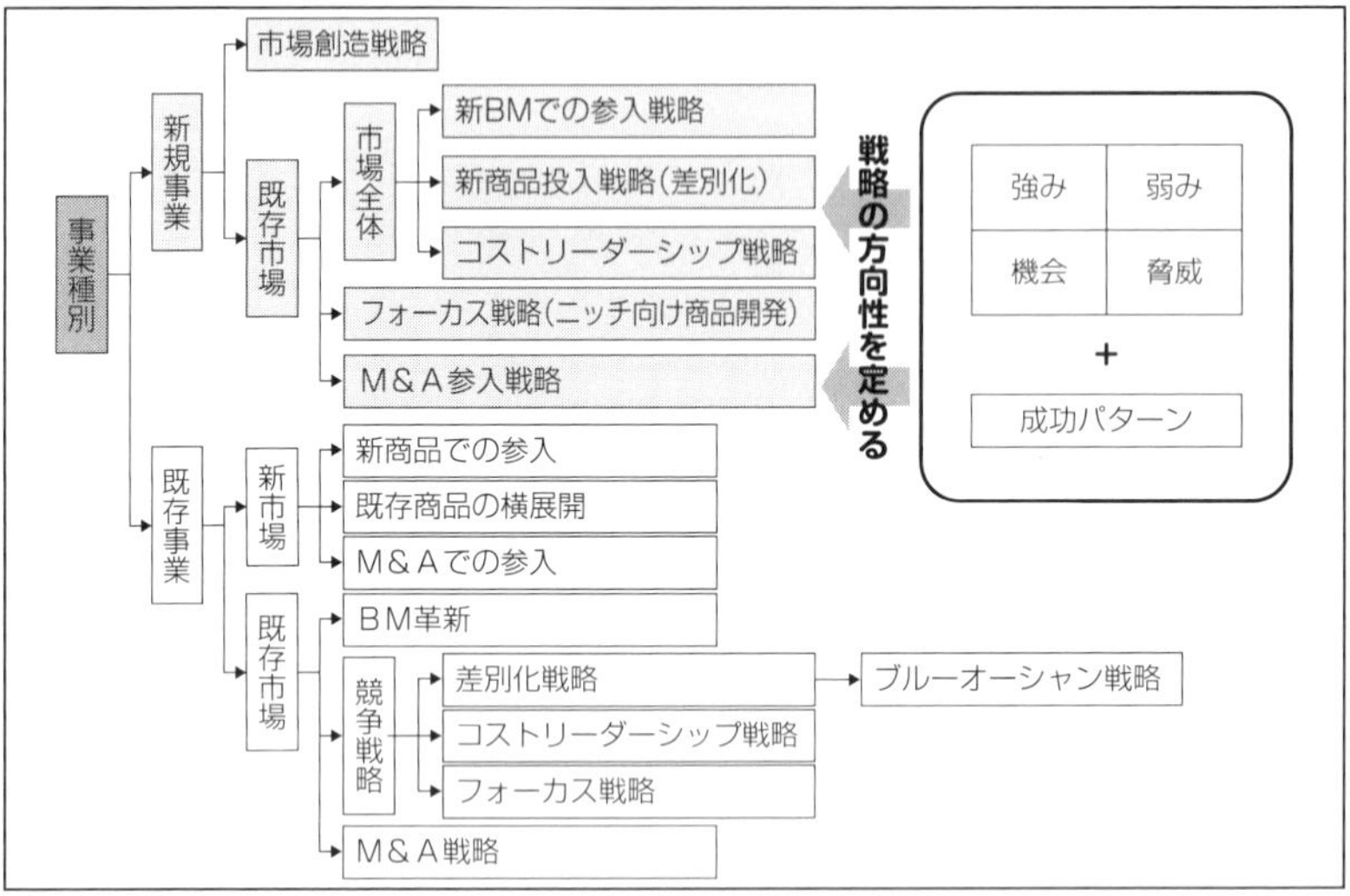

ⓐ事業戦略のパターン

これは「戦略類型」のことをいいます。図表3－15に示すようにSWOT分析や成功パターン分析からその事業に適した戦略的な代替案が想定されますから、既存事業・新規事業にかかわらず、どのような戦略パターンで進むかを選択ないし独自のアレンジを行います。最近では、事業拡大を図る際にM&Aを活用する例が多く見られます。かつては「社風の違い」を理由に敬遠されていたM&Aですが、最近ではさまざまな背景から多用されるようになっています。

ⓑセグメント化の切り口

競争戦略で見たように、マーケット全体を対象とするのか、一部のセグメント化されたマーケットを対象にするのかにより戦略パターンは異なってきますが、そのセグメンテーションの切り口に何を使うかも重要です。図表3－16にあるように、

図表3−16 セグメント化の切り口

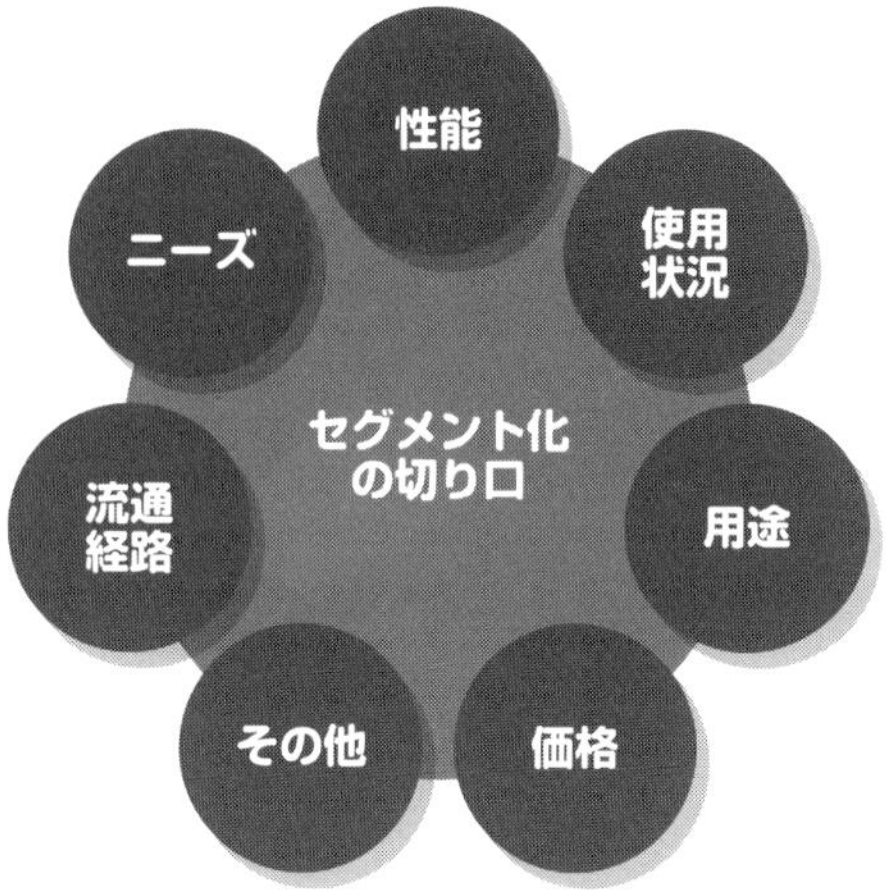

価格帯や性能ばかりでなく、用途や流通経路等もセグメンテーションの切り口に使われます。コンビニ専用商品のような場合には、コンビニという流通ルートをセグメンテーションの切り口に使っていることになります。

ⓒマーケティングミックス

マーケティングミックスは、通常、Product（商品・サービス）、Price（価格）、Place（流通チャネル）、Promotion（広告・宣伝）の4つの「P」で表現します（図表3−17）。

その事業で扱う商品サービスの特徴はProductで定義し、価格戦略はPriceで明確化し、どの流通ルートを使うか、はたまた複数の流通ルートを組み合わせで使う等のチャネル戦略はPlaceで具体化し、Promotionではどのように認知度を高め購買意欲をそそるかをメディアミックスで組み合わせて計画します。

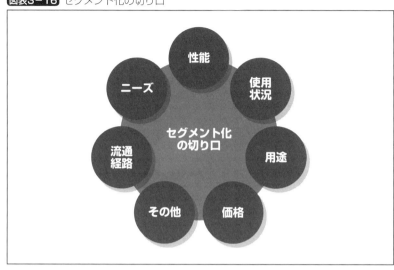

図表3－17 マーケティングミックス

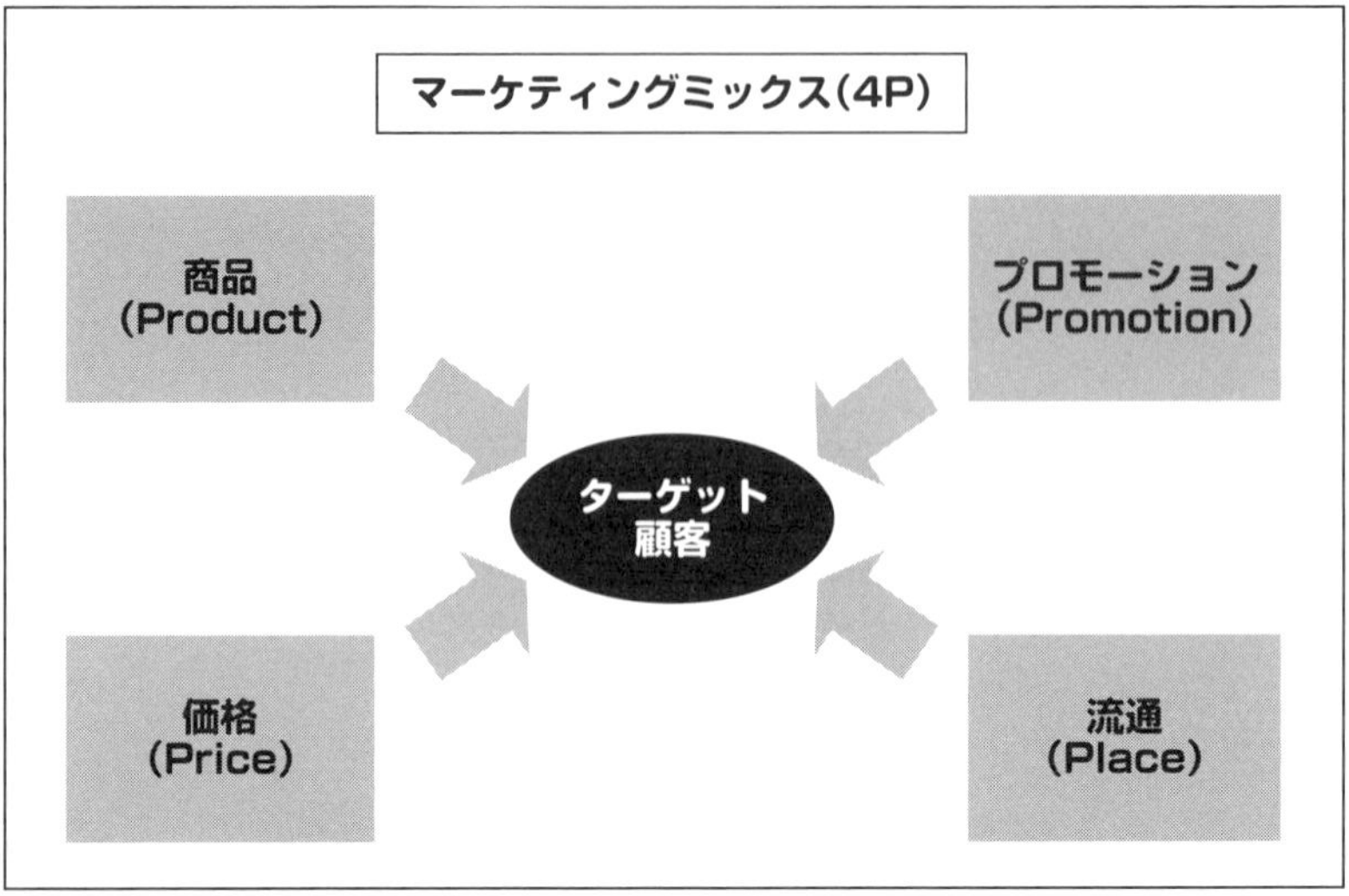

事業戦略の記述にあたっては、図表3－18のようなワークシートを活用するといいでしょう。これは軽自動車をイメージして作成したものです。事業別に既存と新規の区分を行い、それぞれについて、対象市場・顧客と事業戦略のパターン、対象セグメント、マーケティングミックス（4P）の各要素について、整合性が取れるように記述します。対象市場・顧客については、括弧内に、顧客ニーズを記述します。また、事業戦略のパターンについては、単にパターンを記述するだけではなく、括弧内に具体的にはどのようにしてそのパターンを成り立たせるのかを補足して記述します。事例では、新興国の工場で部品を安く生産し、それを輸入して組み立てることでコスト削減を図ろうとしています。図表3－18は概略ですので、詳しい部分はこれに付け加えて作ってもらえればと思います。

図表3−18 事業戦略設定

事業	区分	対象市場・顧客（ニーズ）	事業戦略のパターン（補足）	対象セグメント	マーケティングミックス（4P）	その他
事業A	既存	地方都市・田舎の中高年男性・主婦層・若い女性（安くて燃費のいい車）	コストリーダーシップ（新興国で生産した部品を使い、コスト圧縮）	軽自動車	製品：高い利便性 価格：低価格帯 販路：ディーラー 広宣：TVCMで低燃費をアピール	
	新規					
事業B	既存					
	新規					

②機能別戦略――機能別に展開するとどうなるか

機能別戦略は、組織機能別の戦略なので、図表３―19に示すように、基本戦略をベースに開発戦略、生産戦略、営業・販売戦略等のように記述していきます。

その際、外部事業環境変化や自社経営資源分析で抽出された取り組むべき課題や経営ビジョン・経営目標で設定された望ましい将来像を実現するために必要な取り組み課題、ギャップ分析から抽出された定量・定性ギャップなどを考慮に入れながら、重要かつ緊急性の高い戦略課題設定を行ってきます。

人事や経理・財務、広報、情報システムなど間接機能の部分は業種を超えて共通しますが、メーカーでいえば開発や生産などの直接機能の部分は、業種や業態で異なります。**図表３―19と図表３―20**では、メーカーの事例と流通業の事例を示して

図表3－19 機能別戦略（メーカーの場合）

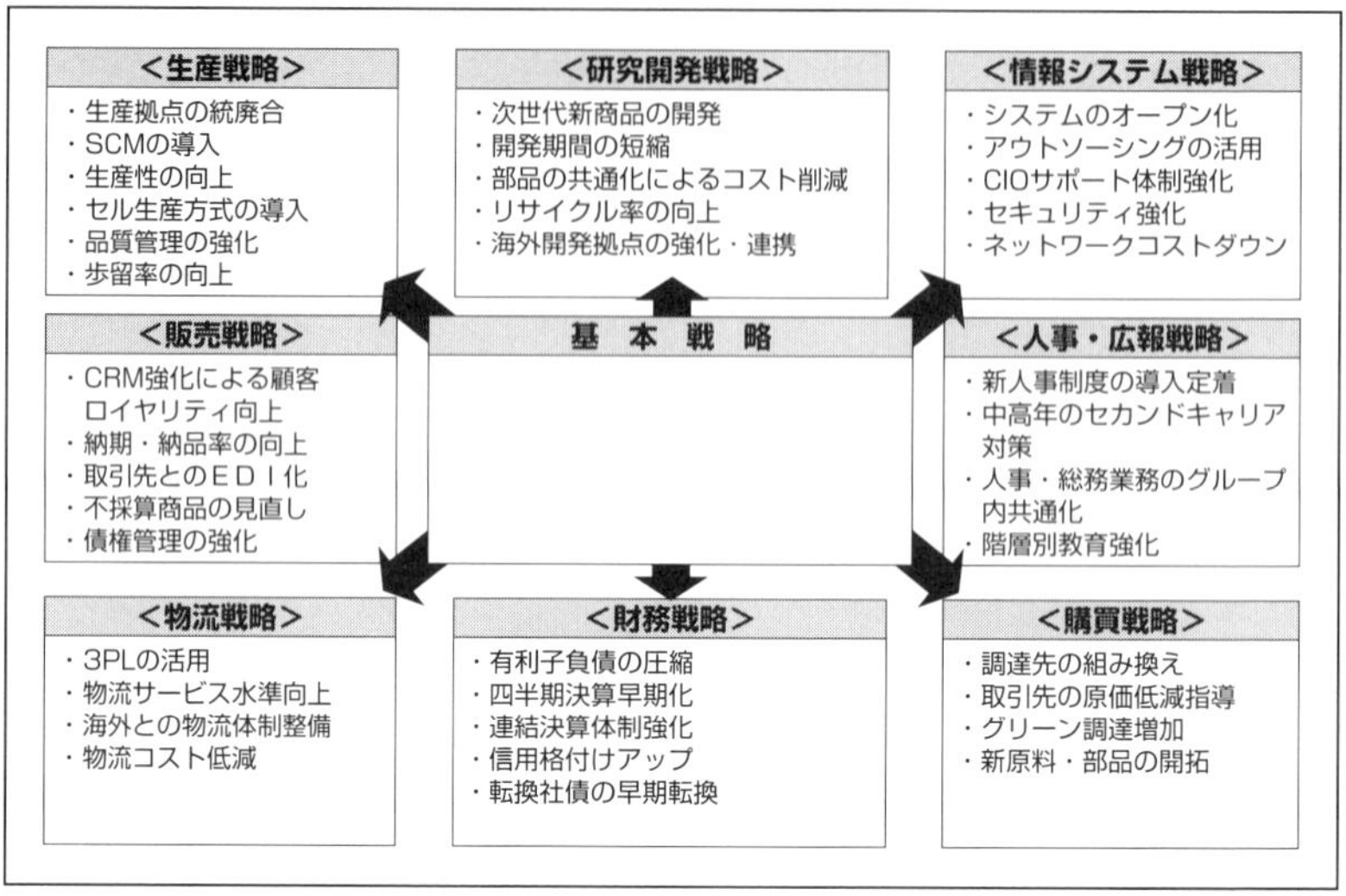

図表3－20 機能別戦略（流通業の場合）

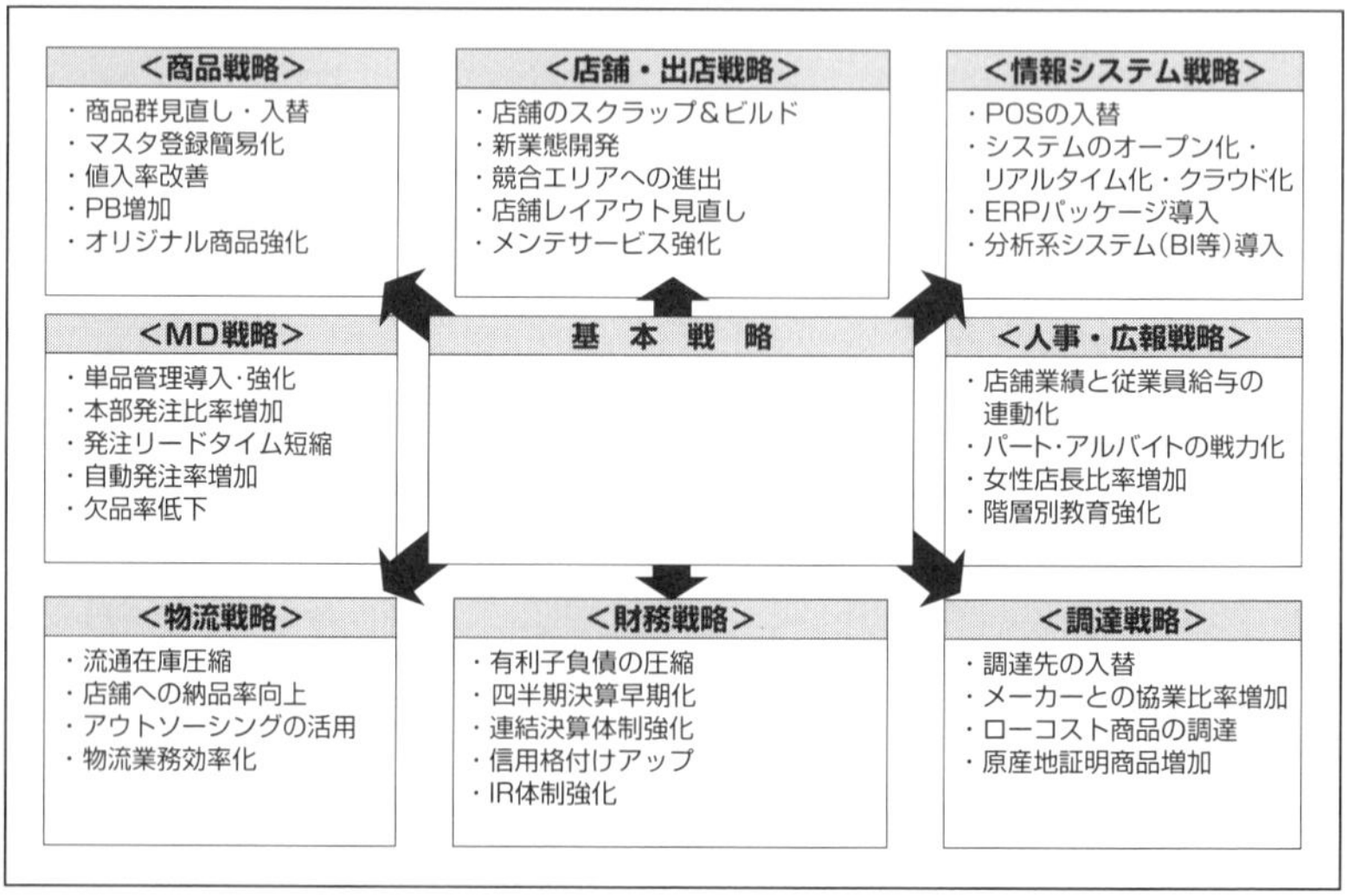

いますので参考にしてください。

◆海外との文化の違いを理解し、対応する

近年、グローバル対応が重要なテーマの一つになっています。ここで、グローバル対応の条件として一つ述べておくと、「ローコンテキスト社会への適合」が一つのキーワードとなると思います。日本は世界でまれに見るハイコンテキスト社会です。「コンテキスト」とは「文脈」という意味ですが、「ハイコンテキスト社会」とは、「文脈共有度が高い」、つまり、「あまり多くの言葉を使わなくても意思疎通ができる」ということです。例えば、「あうんの呼吸」とか「以心伝心」「忖度」などはハイコンテキスト社会に特有の事象です。

ところが、海外はローコンテキス社会が基本です。黙ってただニコニコしていても何も伝わりません。会議で発言しなければ「何も考えていない人」だと軽視されます。日本では子供の頃から人に合わせることを求められますが、仕事に就いてからも上司の意見や考えに合わせ続けていると、自分の考えというものがなくなってしまいます。そのような状況で海外に出ると、その人個人の意見が求められているにもかかわらず、ついつい日本人の代表のようなつもりで「We Japanese think …」「Our Company is…」のように話し始めてしまいます。

場合によっては、こうした日本の「わざわざ言葉にしなくても伝わる」こと自体をなぜかと質問を受けることもあります。こうした場合に対応するためには、当然と思われること、前提となっていることについても「なぜそうなのか」を説明できる言葉と能力が必要になります。

「なぜ日本人は、新年になると初詣に行くのですか?」「それは神社でもお寺でもどちらでもいいのですか?」という海外の方からの質問に、あなたならどう答えるでしょうか。

図表3-21 グローバル対応の条件～ローコンテキスト社会への適合～

区分	日本	海外	起きやすいトラブル	対応策
言語	日本語	現地語または英語	・言葉が通じない	・あいさつ等は現地語 ・英語によるコミュニケーション
仕事の仕方	日本の商慣習＋業界慣行＋自社流	現地の商慣習＋現地会社流	・取引条件の違い	・商慣習・取引条件等の事前確認 ・契約書等による取決め
コミュニケーション	以心伝心重視	黙っていてはわからない。言葉で自己表現	・何を考えているかわからない。意思・考えが伝わらない	・思っていることを言葉で伝える ・わかりやすい論理で伝える
マナー等	日本風 年配者ほど礼儀を重んじる	現地のマナー 年齢差少ない	・日本風のマナーで失礼に ・現地のマナーを知らずトラブル	・「郷に入っては郷に従え」で現地マナーを知る
常識	言わずもがな	言葉で明示的に言う	・こちらの考える常識が通じない	・当たり前のことでも、言葉に発して確認する
リーダーシップ	皆でやることを重視。強力なリーダーシップ求めない	強力なリーダーシップ求められること多い 行動で示す必要あり	・リーダーシップが弱いとみなされる ・リーダーシップ不足に不満が出る	・大げさなくらいのリーダーシップを言葉と行動で発揮
価値観	集団主義→個人尊重へ 理由問われず	社会的価値観尊重国多い	・なぜそれを重視するのかの説明が必要	・価値観の理論武装を行う ・きちんと説明できるようにしておく
文化・風習	新旧混ざり合った日本文化と風習	新旧混ざり合った現地の文化・風習	・現地文化・風習を尊重せず、トラブルに	・現地文化・風習の理解と尊重
宗教	何でもいい	宗教・宗派重視 儀式・儀礼重要	・宗教的儀礼・儀式を知らず反発を受ける	・現地の宗教的儀礼・儀式を事前に知る、敬意を払う

図表3ー21に、日本と海外の文化や習慣の違いと、それにより起こりやすいトラブル、対応策をまとめていますので、参考にしてください。

③組織戦略――将来の望ましい組織図は

組織戦略については、「組織構造をどうするのか」という組織構造論と「組織をどのように運営するのか」という組織運営論とがあります。

組織構造については、代表的な組織形態である「職能別組織」(「機能別組織」ともいいます)と「事業部制」「カンパニー制」「持ち株会社制」等があります(図表3ー22)。メーカーは職能別組織であることが多く、開発と生産・営業等職能別組織間での壁が問題になりやすいという特徴があります。事業部制については「事業部にどこまで機能を持たせるか」という議論がありますが、本来の事業部制は開発と生産と営業が一体になった組織をいいます。カンパニー制の特徴は、事業部長よりもカンパニー長(通常「プレジデント」と呼びます)により大きな権限を持たせ、損益計算書だけでなくバランスシートにまで責任を持たせるというものです。本来の事業部制は、P/L、B/S両方について責任を持つというものでしたが、だんだん事業部の責任範囲が狭まり、P/L責任だけになっていたので、カンパニー制でB/S責任まで持たせるようにしたのです。

パナソニックで事業部制を解体した時は、事業の単位が小さすぎたため、より大括《くく》りなカンパニー制に変更しました。カンパニー制そのものはソニーの発案ですが、その後多くの電機メーカーで採用されています。

カンパニー制をさらに進めたのが持ち株会社制で、戦後、財閥解体とともに純粋持ち株会社が禁止されていましたが、90年代以降の事業再編の枠組みの一つとして、97年に50年ぶりに解禁されました。「○○ホールディングス」と名前のついて

図表3－22 代表的な組織構造と長所・短所

区分	事業部制	カンパニー制	持株会社
組織形態	内部組織	内部組織	別会社
管理・支配方法	事業部の損益計算書	P／LとB／S（仮想資本金を各カンパニーに配賦）	持株会社が事業子会社に出資
目標指標	経常利益まで	（仮想）純利益、配当	純利益、配当

	長所・短所	事業部制	カンパニー制	持株会社
1	事業と経営の分離		○	○
2	経営者のマネジメント負担の軽減		○	○
3	事業責任者の意識改革		○	○
4	分権・自律		○	◎
5	部門損益の透明性		○	◎
6	機構改革の容易性	○	○	×（重要な変更は株主総会）
7	赤字部門との損益通算	○	○	×（グループ通算制度へ）
8	企業再編の容易性			○
9	部門別人事・賃金制度			△

出所：武藤泰明『持株会社経営の実際』〔第２版〕（日本経済新聞社、2007年）ほか

いる企業グループは、純粋持ち株会社制を採っていることになります。

純粋持ち株会社の特徴は、事業を別会社として切り出し、毎年財務諸表を作らせるので、事業再編の際に売買がしやすいというメリットがあります。ただし、100%子会社でないと連結納税ができないなどの制約があり、導入は一部の企業グループに偏っています。

以上の組織構造に対し、組織運営については、例えば、ガバナンスを働かせるために社外取締役を増やすとか、取締役会の議論を活発化させるために取締役の人数を絞るとか、実質的な意思決定機関となる経営会議を月1回から週1回開催にしてスピードを速めるとか、権限委譲して事業部長の意思決定権限を強化するなど、いろいろなポイントがあります。

組織論については、一般的な議論をしても仕方がないので、自社の現状の組織上の問題点を抽出して、それが改善・解決できるような組織構造と運営方法を決めていく必要があります。

組織についてはさまざまな論点がありますが、中期経営計画を策定するうえでの一番の近道は、「現状はさておき望ましい組織の将来像を組織図で表現してみる」という方法です。社内のいろいろな人に望ましい将来の組織図を書いてもらってみてください。そうすると彼らが何を望んでいるかがよくわかります。もちろんその通りにするということではなく、困っていることや期待値・希望を把握するのに役立てるということです。

◆組織が先か戦略が先か

「組織は戦略に従う」という言葉と、「戦略は組織に従う」という一見相反する言葉があります。さて、どちらが正しいのでしょうか。

答えは、組織に明確な戦略がある場合には組織は戦略に従いますが、明確な戦略が打ち出されていない場合には、下部組織で勝手な戦略を考えます。そうすると「戦略は組織に従う」となります。

例えば、会社としての基本戦略や方針を打ち出さないまま、事業部に中計素案の提出を求めると、事業部ごとに考えた事業戦略が前提となり、基本戦略はその寄せ集めとなってしまいます。そうすると結果として「戦略は組織に従う」となってしまうので要注意です。

日中戦争の泥沼や、また東南アジアの戦線で大失敗を犯した日本軍の行動を分析した『失敗の本質――日本軍の組織論的研究』（1984年、ダイヤモンド社にて初版）では、そうした「戦略は組織に従う」の典型的な悪い事例を示しています。歴史上、日本人は「戦略は組織に従う」を犯しやすい民族である、つまり、本社に明確な基本戦略がなければ、事業部が勝手に事業戦略を遂行して既成事実作りをしてしまうおそれがある、ということを理解しておいた方がいいでしょう。

STEP 4

活動・計数計画具体化パート

STORY 5　活動・計数計画具体化

STORY5 活動・計数計画具体化
大和貿易
今まで検討してきた戦略と課題解決策は
もともと経営目標を達成する為のものでした
このプロセスを経ることで目標達成の必要条件は満たせるのですが
これらを実施した時本当に経営目標が達成できるのかという十分条件の検討はされていません
なのでこのKPIツリーを書いて経営目標達成の為の抜け漏れを防ぎます
営業利益率
粗利率
販管費率
売上
原価低減
広告宣伝費率
賃料
接客率
買い上げ点数
値入条件
廃棄ロス
チラシ回数削減
価格交渉
ではそれぞれ検討を始めて下さい

！
そりゃ
そうです
みんな
あなたの魔法に
かかりっぱなし
ですから
やる気満々で
頼もしいですね
ガヤ
ガヤ
あれっ？
これ
考えていた戦略と
活動計画だけでは
目標の売り上げと
利益に到達
しませんね
ええっ？
あ
うちもだ
ザワ
うちも…
ザワ
これは……

実は戦略から活動計画に落とす一方通行では抜け漏れが出る事があるんです
だからこそこうして確認・補足をする事が大事なのです
なるほど！確認と補足了解です！
何から何まで良く考えられた手法なんだなあ
今更!?
部長大丈夫…?
さて今日は戦略課題とその解決策
さらには活動計画を作り上げていきます
戦略課題が20程あります解決策や活動計画も同じだけ必要になりますのでよろしく
おおっ
結構なボリューム

これはプロジェクト期間中にやっておかないと
あとで戻ってはこられません
高い山ですが皆さんで一緒に頂上を目指しましょう！
先生！そこに山があれば僕は喜んで登ります！
お！出たな元登山部
ははは
は
私も私も！
柏木さんは山ガールですものね
え？良くご存知ですね
先生たる者
可愛い教え子の事はよーく知ってるつもりですよ
あはは
社内報か何かで知ったんだろうけど
ほんと人を乗せるのが上手い
はは

樹開さん
私達の先生は本当に素晴らしいですよ
そしてこれが終わったらうちはいよいよ次期中計のプレゼンです！
山本電機
はあっ〜しょん
………
あまりの大きさに自分で驚いている。
でっかいくしゃみ…
風邪ですか先輩？
いや…そんなことないと思うけど…
じゃ誰かに噂されてんですよ
ははは

噂・・・？
何で椛田さんが出てくるんだよ！
何考えてんだ俺のばかばか！
せ…先輩
大丈夫っすか？
ぜー
はーぜー
……
バタバタ
ホントに具合悪かったら医務室に…
やあ！みんな元気か！

今日は天気も良いし気持ち良いな！
ぐるん
室長今日はご機嫌ですね
ああ…
何か良いことでもあったのかな…？
樹開くんと甲作くんちょっと

は…？
ちょっと来て！
…………
なんでしょう？
いや君達は最近すごく良くやってくれていると思ってね
この前の各事業部との取り組みは上層部からもとても高く評価されたよ
そーゆーことか…
ありがとうございますお褒め頂いて恐縮です
そこでだ
この勢いに乗って私は各事業部に計数計画の立案指示を出すことにした！
えっ?!

計数計画…ですか？
活動計画でなく？
そうだよ活動計画は後回しだ
えっ…でもそれでは手順が逆です
計数計画だけでは…
その辺は多少端折っても大丈夫だろう
結局計数計画達成のために何をやるか各事業部に考えて貰えば良いだけなんだから
うちは事業部から数字のコミットだけ引き出せば良いんだよ
ですが……
良いから！
ここからは私に任せておいてくれ！

ただバカ正直に
セオリー通りに
やるばかりが
能じゃない！
効率的に仕事を
こなすのも
スキルのうちだぞ！
…ひでぇ…
高知先生…
椛田さん…
俺
間違ってるん
だろうか――？

07 活動・計数計画の具体化

活動・計数計画の具体化パートでは、戦略策定パートで策定した戦略の戦術化と、それを計画に落とし込んだ活動計画、中計の3大要素の一つである計数計画立案へと進んでいきます。

▼（1）KPIと連動した活動計画を立てる

戦略策定パートでいったん戦略立案を行いましたが、それがビジョン設定パートの経営目標達成につながるかを確認するために、KPIツリーを作成します。

KPIとは、「Key Performance Indicator」（重要業績評価指標）のことをいいます。KPIをさらにKGI（Key Goal Indicator：重要目標指標）とKPI（Key Process Indicator：重要プロセス指標）に分ける方法もあります。

KPIツリーの事例（流通業の事例）は図表4-1のとおりですが、売上高や利益目標を一番左に置き、まずは損益計算書の財務諸表構成に従って経営目標のブレークダウンを行います。図表4-1の事例では、売上高営業利益率目標を売上高と粗利益率に分け、さらにそれを売上高の内訳や、原価率・販売管理費率等に落としていきます。財務的なブレークダウンが終わったら、その財務値目標を達成するための戦略と戦略目標にブレークダウンしていきます。ROEやROAを経営目標とする場合には、それらの指標が一番左に配置されます。

通常、財務目標のブレークダウンパートはKGIとし、戦略やその打ち手のブレークダウンパートは、「プロセスのKPI」と呼ぶ場合が多くあ

「事業部を巻き込む」「活動計画を先に作る」がポイントです

ります。

このＫＰＩツリーを作ることによって、戦略策定パートで打ち出した諸戦略が必要十分であるかの検討ができます。よく見受けられるのは、ＫＧＩ（左）からＫＰＩ（右）へのブレークダウンはできているのに、右から左にさかのぼろうとすると不足が生じるということです。左から右へは「必要条件」と呼び、右から左へは「十分条件」と呼んでいますが、必要条件が備わっていても十分条件が備わっていないケースがよくあるのです。経営目標を達成するには、必要十分条件を揃えなければなりません。このため、ＫＰＩツリーを作成して、立てた戦略が必要十分条件を満たしているかを確認し、不足していれば追加を検討することになります。

◆分野別ＫＰＩ指標の例

図表４−２に示したのは、メーカーの機能分野別の指標例です。これがすべてではありませんが、

図表4−1 ＫＰＩツリー

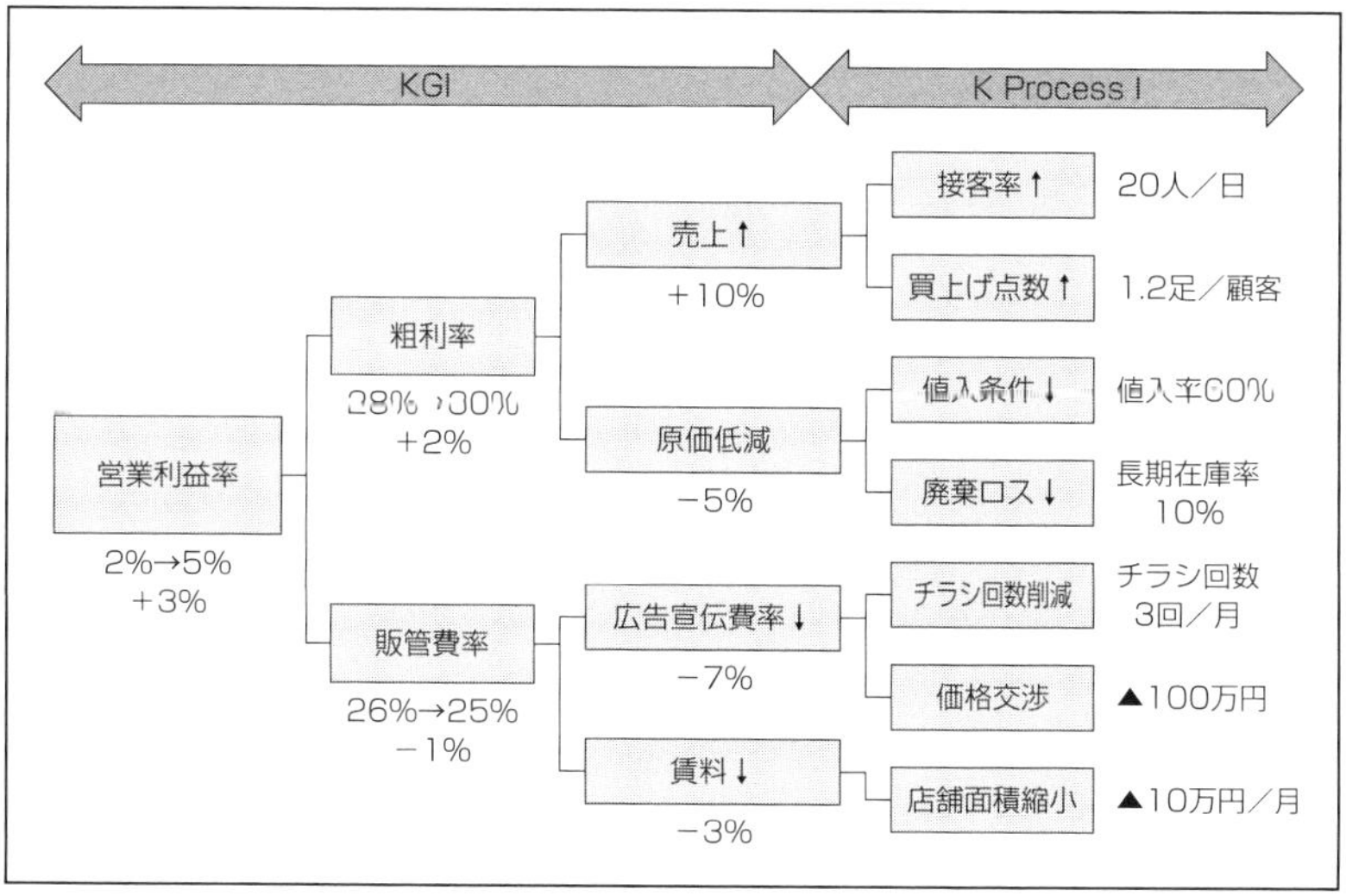

図表4－2 分野別ＫＰＩ指標の例

■戦略目標と活動計画に対応させてKPI設定を行います

区　分	指標分野例
財務系	成長性、収益性、安全性、効率性、生産性、資本構成、キャッシュフロー、投資効率等
営業・販売系	事業部別・店別・製品群別・地域別売上、同収益性、シェア、重点商品比率、営業生産性、新規顧客開拓、リピート、顧客単価、販売経費（広告宣伝費等）、クレーム、代金回収、キャンペーン効果、お得意様等
研究開発系	研究開発費、新製品開発件数、商品改良・改善、ヒット商品、研究件数、試作件数、特許件数、研究者数、生産性等
生産系	生産数量、生産性、原価、事故件数、稼働率、歩留り、合格率、返品率、手直し件数、手直し費用、生産時間、作業停止時間、単位コスト、単位当たり労務費等
購買系	購買原価、平均調達時間、欠品率、納入日数、原材料部品不足による作業停止時間、複数購買率等
物流系	物流費、稼働率、納期遵守率、事故等
品質系	品質保証、品質検査、フールプルーフ、フェイルセーフ、QC、提案数、品質補償費用等
経理系	年度・月次決算日程、支払金利、資金調達、税務対策、回収日数、支払日数等
人事系	採用者数、採用費用、退職者数、パート率、給与、賞与、退職金、労働苦情件数等
総務系	オフィス賃料、オフィススペース、遊休不動産、防犯・防災、社内環境等
情報システム系	ＩＴ予算、情報支援、ソフト開発、報告書数、システム維持費、システムダウン等

一般的によく使われている指標ですので、ＫＰＩを検討するときの参考にしてください。

▼（2）戦略課題の整理

ＫＰＩツリーの作成により戦略の過不足を確認し、補足ができたら、戦略課題を一覧表に整理します。

マンガのストーリーでは、ＫＰＩによる必要十分条件の確認が課題解決策検討の後とされていますが、過不足の確認ステップは実務上は多少前後しても問題ありません。

課題の整理は、①事業別に事業戦略系の課題、②機能部門の機能別戦略系の課題、そして③組織戦略上の課題の3類型で個別戦略全体をカバーすることになりますが、分類が難しいものがあれば、「④その他」として扱います。こうした戦略課題の整理は、企業規模・事業数によって複数枚にまたがることがあります。

次に、以下のようにそれぞれの課題に重要性や緊急性の観点から優先度をつけます。

【重要度による分類】

・◎：業績等への影響大
・○：業績等に影響あり
・△：業績等への影響は大きくはないが、取り組みは必要

【緊急性による分類】

・◎：速やかに着手し完了させることが必要
・○：1年以内に着手し、期間中に完了させることが必要
・△：期間中に着手が必要

▼（3）戦略課題のブレークダウン

どのような戦略も最終的には業務として遂行されることになりますから、戦略から戦術へ、そして施策へと具体化していきます。**マンガのストー**

リーの山本電機の事例にあるように、戦略課題の具体化は事業部に任せるという会社もありますが、任せたままにすると、「実行時に考えよう」ということで具体化が後回しになり、結局は考えられることのないまま実行されないということがよく起こります。このようなことを避けるためにも、中期経営計画策定プロジェクト活動の期間中に戦略課題のブレークダウンまでを行う必要があります。山本電機の社長は、前回の中期経営計画の反省としてそのことを指摘していたのです。

もちろん、プロジェクトメンバーだけでブレークダウンまで行う必要はありません。必要に応じて事業部を巻き込めばよいのです。なかなか他人の作った計画を真に受けて実行する人はいませんから、この段階から事業部主体に作ってもらうとよいでしょう。事業部側も、計画作りのこの段階から参加できれば参画意識が高まると思います。

図表4－3 課題の施策化

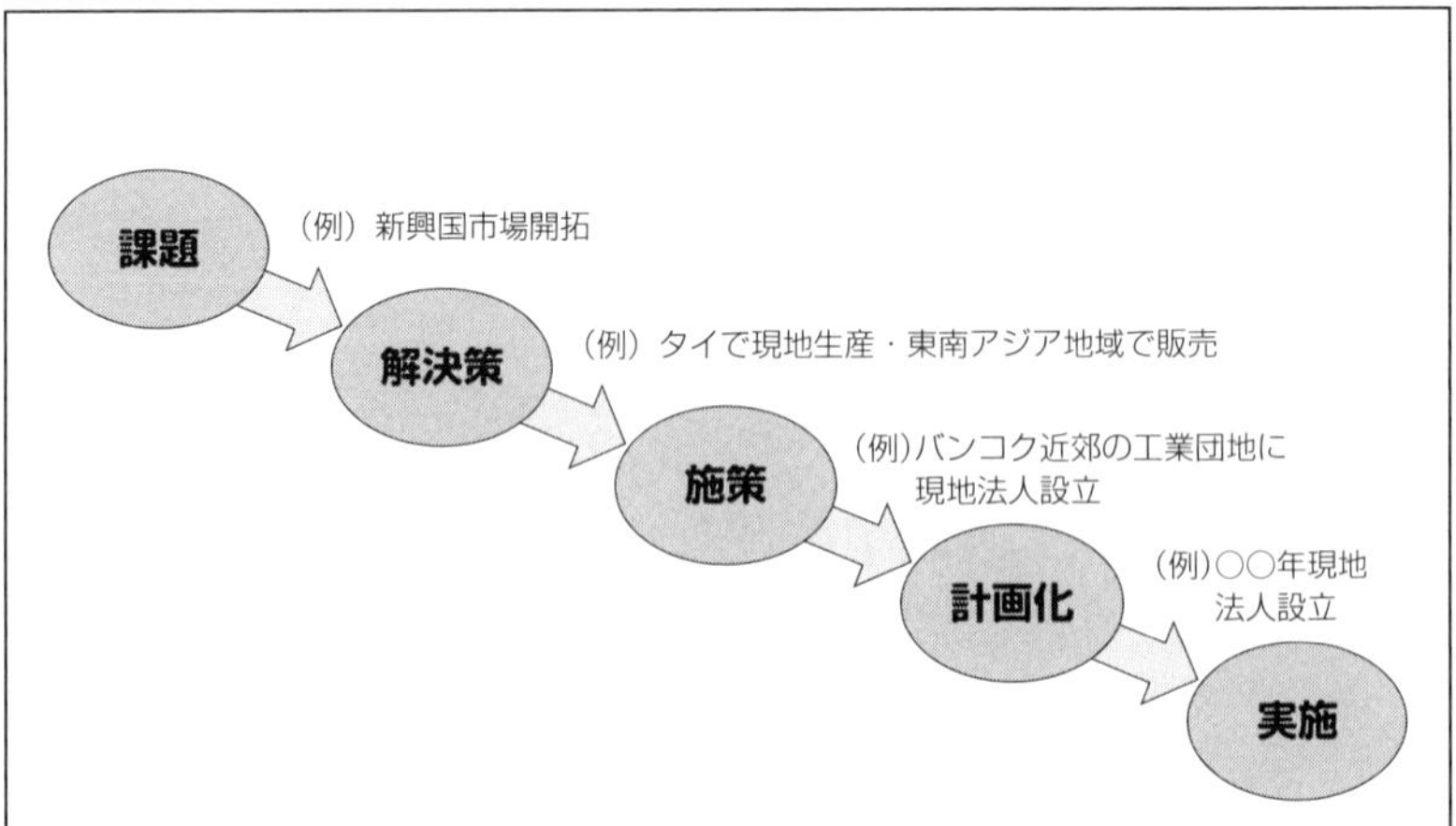

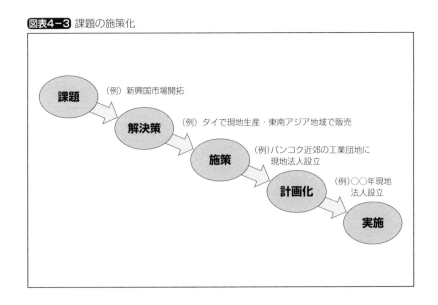

◆課題の施策化

戦略課題は、次のようなステップで具体化していきます。

図表4－3では、課題例として「新興国市場開拓」を挙げていますが、これに対して課題解決策を検討します。事例では「タイで現地生産・東南アジア地域で販売」と単純に書いていますが、実際の検討にあたっては、自社の課題に対して最も有効と思われる課題解決策を抽出する必要があります。

次に、課題解決策を施策に落とし込みます。事例では、「バンコク近郊の工業団地に現地法人設立」としましたが、その課題解決策を実行するのに最も有効な施策を複数検討した上でベストな施策を選びます。

次は「計画化」です。「○○年に現地法人設立」としました。戦略課題なので、実行が急がれるものであるはずですから、計画開始のタイミングは実行可能な最も早い時期を選びます。

その後は、この計画を活動計画に落とし込んでいけばよいのです。

このブレークダウンの考え方に基づいて作られたのが、図表4－4のワークシート集です。

左上の戦略課題として掲げられているのは機能別戦略シートの記入例です。中期経営計画として必要になる活動計画部分は、それに続いて課題解決策検討シート、活動計画シートまでとなります。

さらに右の部門年度事業計画書は、事業部ないし部門別に作成する年度ごとの事業計画です。予算作成に合わせて作ってもらえばいいのですが、初年度については、フォーマットに慣れる意味も含めて中期経営計画の1年目として計数計画とも整合性をとって作るとよいでしょう。事業計画の要素としては、①部門方針、②計数計画、③部門KPI、④活動計画の4要素となります。

図表4－4 活動計画の具体化方法

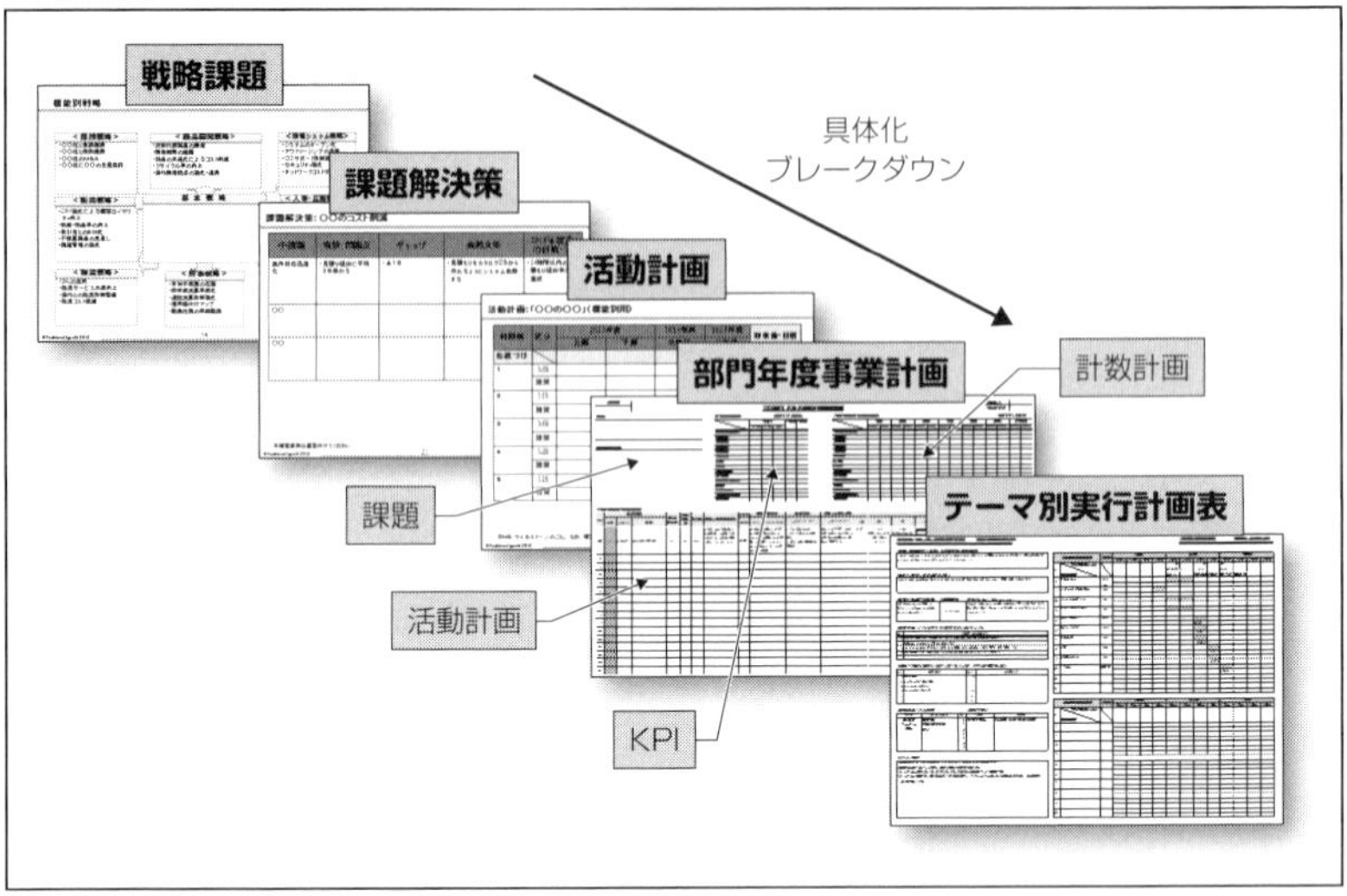

活動計画をさらにブレークダウンしたのが、その右のテーマ別実行計画書です。活動計画のうち新たに取り組むものについては、どのように実行したらよいかがわかりにくいでしょうから、遂行責任者または実行リーダーが、あらかじめこのような実行計画書を作っておくとよいでしょう。意外ですが計画を作らずに実行するケースも少なく、「結果としてこうなってしまった」というような報告が行われることが多く見受けられますので、注意が必要です。

▼(4) 課題解決策検討

課題解決策は、図表4－5のような課題解決策検討シートを使って検討します。

それぞれの課題に対して、①課題名、②目標・将来像、③現状・問題点、④ギャップ、⑤解決策の順で検討していきます。

普段、皆さんに課題解決策を検討してもらうと、

図表4−5 課題解決策検討　テーマ名：Ａ事業の黒字化（大課題）　記入例

①中課題	③現状・問題点	④ギャップ	⑤解決策	②目標・将来像
案件対応の迅速化	・見積り提出に平均２日かかる ・熟練度合いにより見積作成時間が異なる	・▲１日	・見積りをカタログDBから作れるようにシステム改修する ・人別案件別対応時間をＰＤＣＡする	・24時間以内の見積り提出率80％達成**（定量）** ・コンペ先よりも先に見積り提出できている（**定性**）
業務効率アップ	・営業事務５時間 ・案件情報の共有化不足 ・営業プロセス標準化不足	・▲２時間／日	営業業務運用システムの連携 ・営業業務プロセスの標準化と見える化 ・営業部門内プロジェクトを立ち上げ、上記の解決策を具体化・予算取りをして実行 ・中計期間中での新システム稼働を目指す	・内勤と顧客対応時間の比率を逆転し、４対６に**（定量）** ・営業の案件対応時間が増え、受注拡大、中計の目標達成（定性）
○○				

図表4－6 活動計画作成：「○○の○○」（事業系用）

時間軸	区分	初年度		第2年度	第3年度	将来像・目標
		上期	下期	2年度	3年度	
位置づけ						
売上						
1.	KPI※					
	施策					
2.	KPI					
	施策					
3.	KPI					
	施策					
4.	KPI					
	施策					
5.	KPI					
	施策					

※KPI：Key Performance Indicatorのこと。

図表4－5の左の方から順番に記述していく傾向があります。この方法では、現状を分析し、思いつく解決策案を書き出し、その解決策案を実施したらどの程度の目標が達成できるかという考え方となります。これは以前述べた「現状延長型」、つまり「フォーキャスティング発想」そのものですから、達成できる目標も低くなってしまいます。

このため、ここでも「ビジョン先行型・バックキャスティング発想」を使って目標設定と解決策を立案するのです。バックキャスティング型の順番で取り組むと、目標レベルが上り、それを達成するための解決策も当初は思いつかなかったものが思い浮かんだりすることがあります。

なお②目標・将来像については、定量目標と定性目標の両方を記述するようにします。定量目標がいわゆる目標に相当し、定性目標が将来像に相当します。

▼（5）活動計画作成

課題解決策が検討できたら、それを3カ年の活動計画にブレークダウンします。なお、活動計画は事業別・部門別に作成します。

シートの様式は、**図表4−6**にあるように将来像・目標を一番右に配置し、それに至る3か年の活動を、初年度については上期と下期に分けて、施策とともにその期間に達成したいＫＰＩとその目標値をセットで配置します。ＫＰＩは、ＫＰＩ指標とその達成目標を記載しますが、定量化できないものについては、「いつまでに完了させる」という期限を明示する方法（マイルストーン法）で記述します。事業系の活動計画シートは売上高や利益の目標が入りますが、機能部門別活動計画シートはそうした欄がないものとなります。

▼（6）計数計画作成

経営計画を立てる際に、「計数計画を先に立てるか」「活動計画を先に立てるか」という議論があります。**マンガのストーリー**では、山本電機では、経営企画室長の判断で計数計画を先に作り、活動計画が後回しとなりました。

中期経営計画が経営目標と計数計画だけであった時代は、経営目標を先に立て、その計数計画を作るという手順で進められましたが、近年は、それらに経営ビジョンや経営戦略、さらにそれを具体化した活動計画まで立案するようになっています。なお、そうした中で経営戦略まで立案した後、活動計画から始めるか計数計画から始めるかという議論になると、私は断然活動計画を先に作る方をお勧めします。

すでに見たように、ＫＰＩツリーの作成などで経営目標を達成するための大きな戦略や方策はもれなく立案されています。ですから、先に述べたように戦略課題→課題解決策→施策というようにブレークダウンができていれば、活動計画を立案するのは容易です。そして、活動計画ができていれば、それによってどの程度の計数計画が達成できるかを見当を付けることができます。

一方、戦略立案後に計数計画を作ろうとすると、計数を変動させる要因には、単価の上げ下げ、数量の増減による売上高の変動、原価の増減、経費の増減等、利益を変動させる要因があり、変数がたくさんあることになります。その中から一定の組み合わせを都合よく選んで計数計画とすれば、立案した戦略との間に齟齬が生じかねません。

ですから、これまでの検討結果と整合性を持たせて活動計画と計数計画を立案しようと思ったら、多少遠回りではありますが、活動計画を作った上で計数計画を立案した方が作りやすいのです。

▼(7) 計数計画の作り方

計数計画を立案するのに、図表4−7にあるように、①システム・データ面、②管理責任面、③

図表4−7 計数計画の作り方

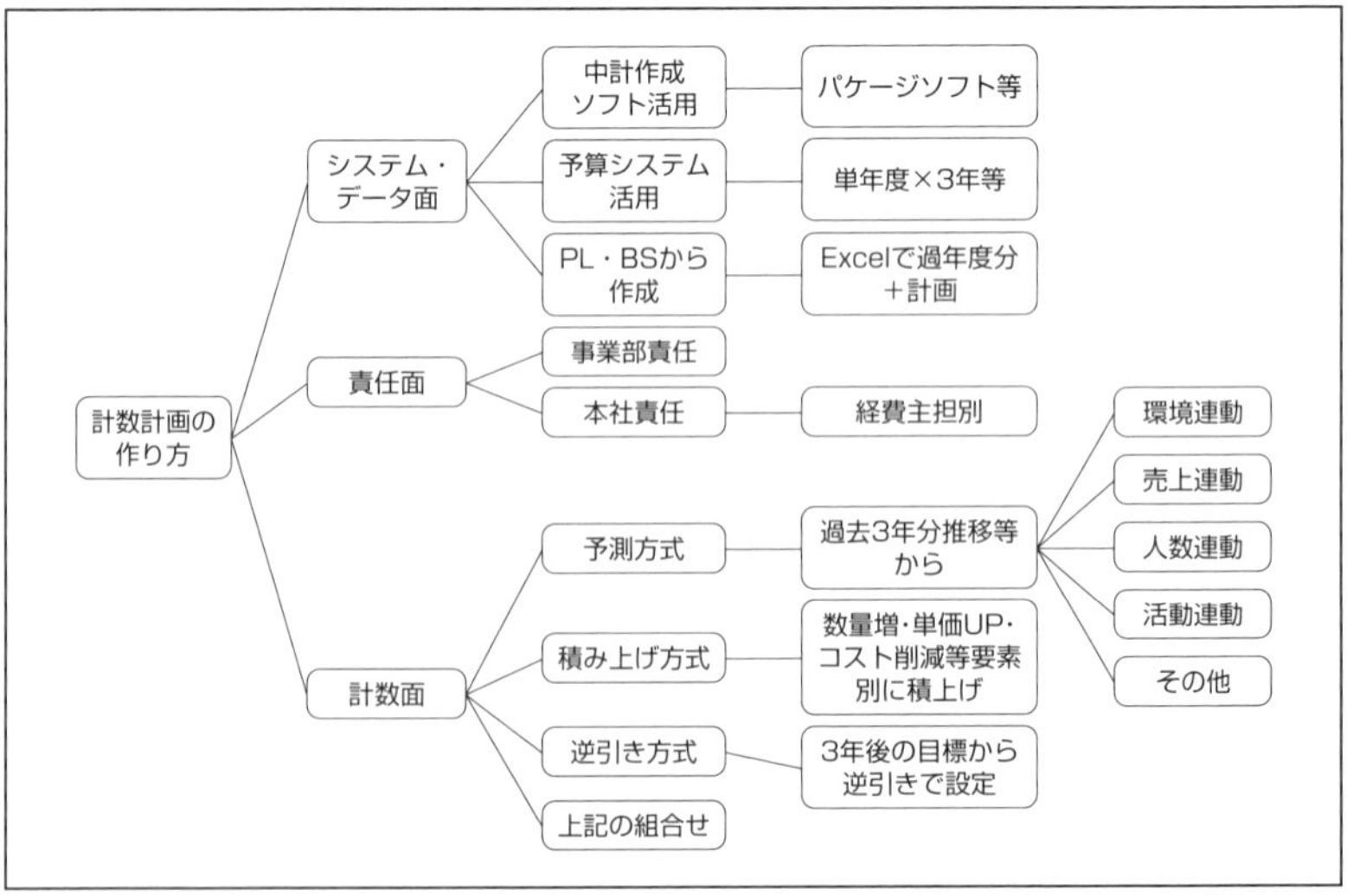

計数の作り方面のように大きく3つの論点があります。

①システム・データ面については、専用のパッケージソフトを活用する方法と年度単位の予算システムを応用する方法、損益計算書やバランスシートのような財務諸表から出発する方法と3通りがあり得ます。パッケージソフトについては、一度あるクライアントで使おうとしたのですが、使い勝手が悪くうまくいきませんでした。このため、お勧めとしては予算システムの応用か、財務諸表の引き伸ばし法がよいでしょう。

②管理責任面については、事業部の数値については、事業部が責任を負い、経費については、本社の経費主担当が責任を負う方法がよいでしょう。

③計数の作り方面については、ⓐ予測方式、ⓑ積み上げ方式、ⓒ逆引き方式とⓓⓐ～ⓒの組み合わせがありえますが、各社の実情に応じて応用してもらえればと思います。活動計画が先に作られていれば、計数計画でいじる部分は相対的に少なくなり、比較的短時間で作成することができます。これは私が指導した実績からもいえることなので、心配しないで取り組んでもらえればと思います。

①計数計画策定ステップの事例

図表4－8の事例は、小売業での計数計画作成ステップの例です。手順としては、ⓐ標準となるベースの計数作りを行った上でⓑバリエーション設定を行い、ⓒ見直し&シミュレーションを行います。

ⓐベース計数作り

まず企画部署サイドで進め方と前提条件（為替レートや対前年伸び率等）を決めます。

小売業では店舗展開が基本となりますので、店舗ごとのフォーマットや規模に応じて類別を行い、

図表4−8 計数計画策定ステップの事例

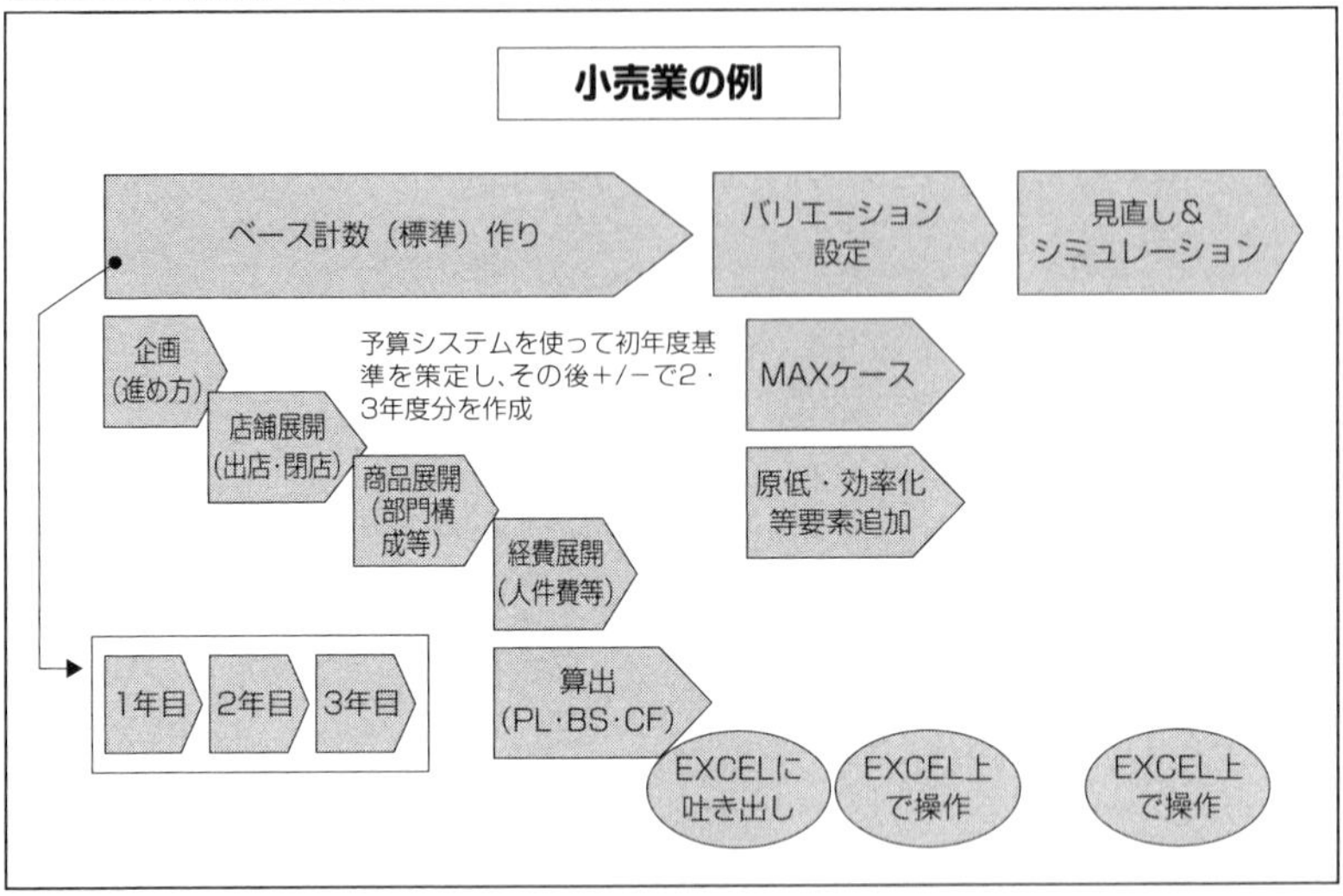

店舗の出店や閉店計画を立て、「食品部門を強化する」「衣料品部門を縮小する」などのように商品の部門構成や展開方針を決めます。フロア面積や商品点数（アイテム数）等各小売業で使われている基準を使用するとよいでしょう。

その後人件費などの経費展開を行い、それらを総合して基準となる損益計算書を作ります。

計数は、予算システム等を使って初年度1年分を作成し、Excel等の表計算ソフトに計数データを吐き出し、そのうえで前提とした伸張率等を基に2年目、3年目分を追加して3カ年の基準計数計画とする方法と、予算システムなどを使用しないで最初からExcelデータを作成して取り組む方法とがあります。

各データは、売上高に応じて変動する変動費や変動が少ない店舗の賃借料等固定費、営業時間などに応じて変動する水道光熱費などの準変動費等費用の性格によって変えられるように条件設定しておくと便利です。

　また、Excel等で作成・シミュレーションする際には、目的とする財務諸表だけでなく目標とする経営目標や財務指標（例：売上高、営業利益率、ＲＯＡやＲＯＥ、Ｄ／Ｅレシオ等）も同時に算出できるように計算式を組み込んでおくとよいでしょう。

ⓑバリエーション設定

　売上が伸張するＭＡＸケースやダウンするＭＩＮケース、原価低減を進めるケースや効率化を進めるケースなど、何通りかのあり得るバリエーション設定を行い、試算します。Excelベースであれば、試算結果をシートないしファイルに分けて保存することでケース結果とその内訳を取っておくことができます。

　新たなケース設定に連動して他の変数も変えられるようなアルゴリズム（手順を形式化したもの）を作り、マクロのプログラムとして使う方法もあります。ただし、あまり手の込んだものを作ると、他の人がいじれなくなり、特定の人しか操作のできないものになりかねないので、注意が必要です。

ⓒ見直し＆シミュレーション

　ベースとバリエーションの試算結果を受けて、前提条件設定や店舗展開、商品展開の見直し等を行い、当初の経営目標に到達可能か、あるいは前提条件と展開方針と活動計画との整合性や妥当性があるかを確認して、いったん、第一次の試算結果として報告します。

　この後は、経営会議等のしかるべき会議にかけるなどの会社で求められた手順に従って検討と見直しを行っていき、確認が取れたら最終化します。

　その際に注意したいのが、「何を変えるとどこに影響を与えるか」ということをきちんと理解し、データと論理の整合性がきちんととれるようにしてあるかということです。PowerPointの表形式では計算式が入れられませんので、一度ある数字を直すと他の数字も手直しの必要がでてきてしまい大変です。数字と表計算ソフトの扱いが得意な人の助力を得るようにした方がよいでしょう。

②計数計画の成果物

計数計画の成果物については、売上利益計画、投資計画、人員計画、資金計画等があります。ベースは売上利益計画なので、それらから順に作っていくといいと思います。投資計画についても、活動計画が具体化されていれば、それに基づいた投資計画が年度別に立てられます。

中期経営計画の計数計画用のExcelのワークシートは、拙著『中期経営計画の立て方・使い方』付属のCD-ROMに収録されていますので、そちらを参考にしていただければ幸いです（以下一例）。

図表4−9 全社利益計画（売上・原価・販管費・利益）の書式例

全社利益計画（製品別売上高）

a．全社利益計画

単位:百万円

期別	直近年度実績		当年度見込		初年度		第2年度		第3年度	
	金額	対売上高比	金額	対売上高比	金額	対売上高比	金額	対売上高比	金額	対売上高比
売上高		100.0%		100.0%		100.0%		100.0%		100.0%
売上原価										
売上総利益										
販売費及び一般管理費										
営業利益										
営業外収益										
営業外費用										
(内支払利息割引料)										
経常利益										
特別利益										
特別損失										
税引前当期純利益										
法人税及び住民税										
当期純利益										
1株当たり当期純利益										
1株当たり配当金										

c．製造原価計画

単位:百万円

期別		直近年度実績		当年度見込		初年度		第2年度		第3年度	
項目		金額	構成比率	金額	構成比率	金額	構成比率	金額	構成比率	金額	構成比率
原材料費											
労務費											
製造経費	外注加										
	減価償										
	消耗品										
	賃借料										
	動力費										
	その他										
計											
当期総製造											
仕掛品増減											
当期製品製											
製品増減高											
当期製品売											

d．販売費及び一般管理費計画

単位:百万円

期別	直近年度実績		当年度見込		初年度		第2年度		第3年度	
項目	金額	構成比率	金額	構成比率	金額	構成比率	金額	構成比率	金額	構成比率
給料及び手当										
法定福利費										
福利厚生費										
その他										
小計	0		0		0		0		0	
販売促進費										
広告宣伝費										
荷造費・運賃										
旅費交通費										
賃借料										
交際費										
支払手数料										
通信費										
会議費										
その他										
小計	0		0		0		0		0	
租税公課										
減価償却費										
研究開発費										
消耗品費										
水道光熱費										
その他										
小計	0		0		0		0		0	
合計	0	100.0%	0	100.0%	0	100.0%	0	100.0%	0	100.0%

『中期経営計画の立て方・使い方』（かんき出版）添付のCD-ROMより、一部抜粋

図表4ー9 全社利益計画（売上・原価・販管費・利益）の書式例
図表4ー10 キャッシュフロー計算書方式による全社資金計画表の例

③投資回収計算

設備投資には、(a)拡張投資や(b)取り替え投資、(c)製品・サービス投資、(d)その他投資などがありますが、「投資が回収できるか」という、いわゆる「経済性計算」の対象となるのは、(a)〜(c)の3種類です。

設備投資や新規事業の投資回収計算は、教科書的には、正味現在価値法（NPV：Net Present Value）や内部収益率法（IRR：Internal Rate of Return）等がありますが、実際にはいまだにキャッシュフローベースではなく、会計上の利益計算ベースで試算しているところが多いようです。国内だけや社内だけの範囲で議論している間はそ

図表4－10 全社資金計画表の例

シート18-2：全社キャッシュ・フロー計画（間接法）

項目		符号	直近年度実績	当年度見込	初年度	第2年度	第3年度
Ⅰ.営業活動によるキャッシュ・フロー							
	税金等調整前当期純利益	＋項目					
	減価償却費	＋項目					
	小　計		0	0	0	0	0
	利息及び配当金受取額	＋項目					
	利息支払額	−項目					
	法人税等支払額	−項目					
	繰延資産の償却	＋項目					
	営業活動によるキャッシュ・フロー		0	0	0	0	0
Ⅱ.投資活動によるキャッシュ・フロー							
	有価証券投資に伴う資金の出入	増加で−					
	有形固定資産投資に伴う資金の出入	増加で−					
	貸付金の貸付・回収	増加で−					
	その他の固定資産項目の増減額	増加で−					
	投資活動によるキャッシュ・フロー		0	0	0	0	0
フリーキャッシュフロー（Ⅰ＋Ⅱ）			0	0	0	0	0
Ⅲ.財務活動によるキャッシュ・フロー							
	短期借入金増加・減少額	増加で＋					
	長期借入金増加・減少額	増加で＋					
	社債増加・減少額	増加で＋					
	株式発行による収入	＋項目					
	前期配当金支払額	−項目					
	財務活動によるキャッシュ・フロー		0	0	0	0	0
キャッシュ・フロー合計（Ⅰ＋Ⅱ＋Ⅲ）			0	0	0	0	0

『中期経営計画の立て方・使い方』（かんき出版）添付のCD-ROMより、一部抜粋

図表4－11 正味現在価値法の例

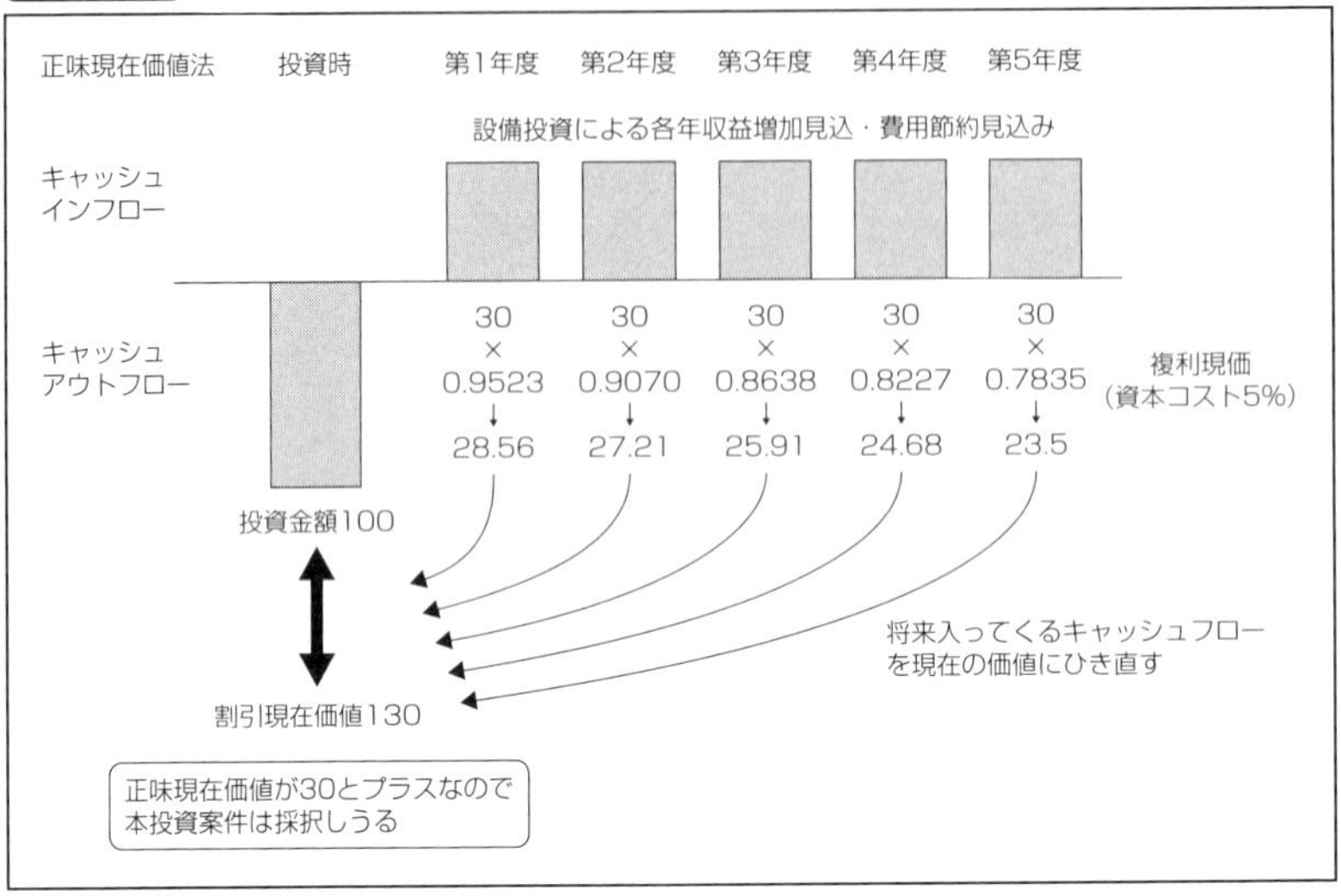

れでも通るのですが、海外や海外企業とやりとりをする際には、今紹介したような手法を使う必要があります。

◆設備投資のキャッシュフローを用いた評価方法～正味現在価値法の例示（図表４－11）

正味現在価値法では、まず前提としてキャッシュフローで計算します。そして、初期投資と将来のキャッシュフローを０年度（初期投資を行う年度）時点の現在価値に直して差し引き計算します。

「現在価値」とは、お金の時間価値を考慮することになりますので、今年の百万円と来年の百万円とでは価値が違うという前提に立ちます。どの程度違うかについては、企業では、単純に金利ではなく、「資本コスト分違う」という考え方を取ります。つまり、「今年手元にある百万円を事業につぎ込んだら、来年には、百万円＋資本コスト分以上になっていなければならない」ということです。

なお、「資本コスト」とは、バランスシートを維持するために必要なコストのことで、金利などの負債にかかるコストと、株主が所有する株主資本コストとの合計となります。この資本コスト率（例：5％）を使って、将来のキャッシュフローを複利計算で割り引くのです。そうして出された将来のキャッシュフローの割引現在価値と初期投資との差を算出し、プラスが出ていれば、「投資価値あり」と判断することになります。

昨今では、Excelの関数になっているものもありますので、考え方と見方がわかっていれば計算できるようになっています。

（8）グループ全体の計数計画

計数計画を自社単体のものだけでなく、グループで連結して作成する必要があるケースもあります。その際は、図表4－12にあるように、まず事業別法人別に損益計算書（必要に応じてバランスシートやキャッシュフロー計算書も）を作成します。

続いて、グループ会社間の取引が消去・相殺できるように連結財務諸表に計算式を組み込みます。例えば、国内グループ企業のD社の売上高がC事業部の仕入れとなるような場合は、相殺されて0円となります。

その際に、子会社については全部連結となり、売上・原価・費用すべてが足し算の対象になりますが、持ち分法適用会社については、出た利益の持ち分のみを加算することになるので、注意が必要です。

一方、海外法人があり、決算期がずれているケースがあります。日本法人は4月～3月決算なのに対して、海外法人の大半は1月～12月決算というケースです。決算日が3カ月を超えていなければ、各社ごとの決算期に応じた計数計画を連結しても問題ありません。ただし、管理会計として、

図表4－12 グループ全体の計数計画

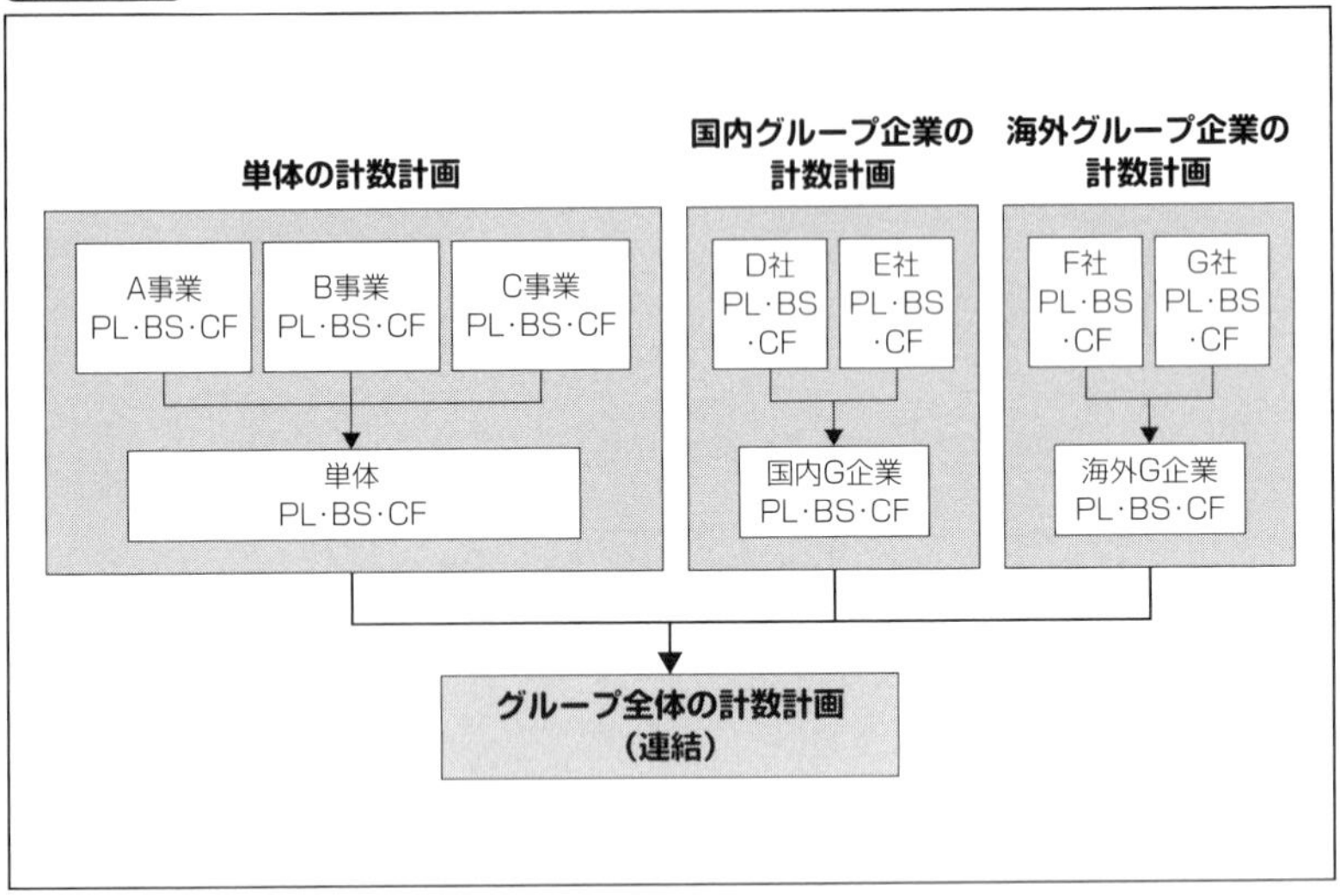

グループ会社管理の一環として決算期を合わせて見たいのであれば、各社の計数計画を四半期ごとに作成し、四半期ずれを補正して足し算する方法もありますが、その際は、海外法人に追加で最後の年の第1四半期（1～3月期）の計数計画を作ってもらう必要があります。

▼（9）活動計画と計数計画の整合性の確認

計数計画はこのように作っていきますが、一通り作り終わったら、「活動計画と計数計画が対応しているか」「活動計画の成果が出てくるタイミングと計数計画が合っているか」「活動計画の成果見込みが適正に見積もられているか」などのように活動計画との整合性を確認します。営業目標は往々にして現実的でない「意気込み」が盛り込まれているケースがありますので、注意が必要です。

STEP 5

中期経営計画のまとめと発表パート

STORY 6 中期経営計画のまとめと発表

STORY 6 まとめと発表
山本電機
経営会議
うわあ
社長をはじめ
経営幹部が
ずらり揃って
ますよ
緊張します
ねえ
ガチ
ガチ
そ
そうだな…
ガタ
ではこれより
次期中計計画案を
発表させて頂きます

経営管理分析
事業環境分析からの現状問題点の抽出
最終的経営目標の設定
そこに至る戦略案の検討
立案
そして各事業部の計数計画——
以上が次期中計案となります

社長！
話は良く分かりました
ただ各計数計画は結構ですが
これを達成する為の戦略の具体化はどうしますか？
それは後ほど各事業部の方で年度ごとに具体化してもらいます
後ほど？
事業部の方どうですか？
そのやり方でこの計数計画達成できますか？
…………
し…ん

その辺は常務の私が責任を持ってきちんと…
前回の中計でも
活動計画作りが後手後手になってPDCAがうまくいかなかった事があります
今からでも良いです
活動計画を作成し提出して下さい
ズザッ
経営企画室
ダメだな！上は現場を全然わかってない！
現場には現場の仕事の進め方ってのがあってだな…
室長！

な…
なんだ
樹開君…
前にもお伝え
しましたよね
活動計画が
必要ですと
中計策定は
プロセスが
重要――
僕はそう
教わりました
小さな積み木を
積み上げて
大きなピラミッドを
作るように
どこかで
手を抜いたり
端折ったりしたら
いずれ必ず歪み
が生まれます

僕たちはずっとそうならないよう積み木を積んできたはずです
…と
とにかく事業部に展開できるようフォーマットを用意してくれ！
年度ごとにやるのが早まっただけだ！
もう一度その基本に立ち返ってやってみませんか？
はいっ！
わかりました！
よし！すぐにフォーマットを作るぞ！
出来たら手分けして事業部回りだ！
はい！
やるぞ！
ガタ

活動計画
20 年度
上期
下期
20 年度
2年後
20 年度
3年後
将来像・目標
区分
売上
KPI
施策
KPI
どんなに辛くて困難でも最後まで真面目に積み木を一つ一つ積み上げる
それはエンジニア時代と一緒だ
俺はこの仕事も絶対にやり遂げてみせる!
樹開さん!お互いに頑張りましょうね!
バッ
今…一瞬
椛田さんの声が聞こえたような…

大和貿易
役員会議室
中計策定
プロジェクト
による
次期中計案
プレゼン
社長及び
経営幹部への
プレゼン
ここが
最後の山場
ですよ
頑張って
下さい
部長！
以上が
次期中計案です
如何でしょうか？
高知

社長・・・！
パン
いや
良くやって
くれた！
パン
中計策定
プロジェクトの
皆さん
今回は高知先生の
指導の下とはいえ
良くここまで
まとめてくれました
中間報告で
経営目標や
ビジョンは
確認して
いたので
戦略や
活動計画に
期待して
いましたが
想像以上に
具体的で
あとは実行ある
のみと感じました
パチパチ
パチ
高知
先生
本当に
お疲れ様でした
パチ
良かった！
こんなに
喜んで
貰えて！

慣れない大変な事が一杯あったけど
諦めないで頑張って本当に良かった
あんなに頑張れたのは多分…
椛田さんお疲れ様でした！
今…樹開さんの声
聞こえた…？

08 中期経営計画のまとめと発表

▼（1）発表と部門へのブレークダウン（目標と方策）と責任体制

中期経営計画は会社の重要な計画であるため、「経営者層での共有→管理者層での理解と共有→一般社員層での理解と共有」という3階層に分けて捉えていく必要があります（図表5ー1）。経営者層での共有は比較的容易ですが、管理者層・一般社員層への共有・浸透については、伝わりやすい工夫と仕組みが必要です。

①社内向け発表の目次

「中期経営計画の基礎」01（4）（図表0ー6）で紹介した10大目次は、主に社外向け発表を前提とした目次例ですので、社内向けに発表する際には、少しアレンジして図表5ー2のような目次構

図表5ー1 中期経営計画の理解と共有

図表5－2 社内発表の目次

第○次中期経営計画（目次）

1．アプローチと前中期経営計画の振り返り
2．当社の企業理念
3．10年後の将来像（ビジョン・ストーリー付）
4．3年後のビジョンと経営目標（一枚絵付）
5．外部事業環境分析(全社／事業部別)
6．シナリオプラニング
7．自社経営資源分析
　補足：財務分析（売上・利益推移等）
8．ギャップと戦略(全社／事業部別)
　①ギャップと基本戦略（From→To）
　②目標と方策のブレークダウン
　③事業戦略
　④機能別戦略
　⑤組織戦略
9．戦略課題まとめ（含むKPIツリー）
10．全社活動計画（テーマ別のまとめ版）
11．全社計数計画（シナリオ別）
　①全社売上利益計画
　②全社投資計画
　③全社人員計画
添付資料
　活動計画詳細

成で活動計画等も具体的に紹介するとよいでしょう。

②発表方法

中期経営計画の発表方法は、**図表5－3**に示すように、対象者によって発表の場と発表内容を分ける必要があります。

部長クラスや課長クラスに対しては、幹部会や部課長会などの場を通じて、全社のビジョンと戦略だけでなく、担当する事業部や部課の取り組むべき目標や課題も示す必要があります。

熱心な会社では、一般社員に対しても「第○回中期経営計画書」のようなタイトルで冊子化して配布・説明するような会社もあります。

著者のこれまでの調査によれば、中期経営計画を策定し、社内発表している企業においても、思いのほか社内に計画が浸透していないようです。実行してもらうことを考えたら、作った後の社内

図表5−3 発表方法

対象者・層	発表	
	場・形式	発表内容
役員層	・経営会議	・全社ビジョン・経営目標・戦略・方策・推進組織・計画等
事業部長・部長層	・幹部会	・同上＋事業部ビジョン・目標・戦略・方策・推進体制・計画等
課長層	・部課長会	・同上＋課の目標・戦略・方策・推進体制・計画等
一般社員層	・「全社方針会議」 ・「中期経営計画発表会」 ・「経営計画書」配布等	・全社関連の発表会では全社関連中心 ・事業部・部・課レベルではそれぞれの組織に対応した内容
社外	・経営方針説明会 ・ホームページ（IRサイト）	・全社関連の発表内容に準じる ・ホームページ掲載内容はIR方針に準じる

浸透にも力を入れるべきだと考えます。

③課題・方策のブレークダウン

中期経営計画が、活動計画・計数計画・KPIという形でまとめ上がったら、その取り組み課題や方策を、部門や部・課にブレークダウンしていく必要があります（図表5−4）。

中期経営計画で取り組むべき課題を一般的に「テーマ」と呼んでいますが、テーマ別の責任部署や責任者を設定したり、年度の目標に落とし込んだり、課長クラスや一般社員層をテーマ別のプロジェクトメンバーにアサイン（指名）したりします。

図表5－4 課題・方策のブレークダウンとＰＤＣＡ

対象者・層	課題・方策のブレークダウン	期中進捗PDCA
役員層	－	・取締役会 ・経営会議 ・社長診断等
事業部長・部長層	・部門別中期経営計画（活動・計数計画・KPI） ・テーマ別ＰＪ責任者	・年度・半期・四半期・月次予実検討会
課長層	・部署別課題 ・中期活動計画（活動・計数計画・KPI） ・予算書 ・テーマ別ＰＪメンバー ・目標管理（MBO）項目	・事業部内年度・半期・四半期・月次予実検討会
一般社員層	・テーマ別ＰＪメンバー ・目標管理（MBO）項目	・月次活動計画 ・予実検討会
社外	－	・決算短信

▼（2）グループ・個人へのブレークダウンと目標管理

目標管理は、「ＭＢＯ」（Management By Objectives）といい、ピーター・Ｆ・ドラッカーが提唱し、外資系企業から日本企業に広まりました。もともとの考え方は、社員一人ひとりにまで目標を持たせ、やる気を出させようというもので、日本では主に人事部が管掌し、半年に一度程度の頻度で自ら目標を立て、上司の承認を得て遂行し、半年経ったらレビューを行っています。会社によっては、個人別の達成度に応じてボーナスなどに差をつけるところもあります。

人事部管掌という背景から、ＭＢＯは経営企画管掌の中期経営計画とは連動性が薄いケースが多く見受けられますが、経営企画と人事が連携を取り、中期経営計画の目標達成のために個人のＭＢＯと中期経営計画の取り組み課題とを紐付けることができれば、非常にパワフルな仕組みとなります（図表5―5）。

ここで留意すべき点は、中期経営計画の取り組み課題は粒度が大きい傾向にあるため、個人に落とすにはかなりのブレークダウンが必要だということです。

ある商社で中計課題とMBOの紐付けを実施したことがありますが、管理職・担当者に一緒に一堂に会してもらい、中計課題の個人目標までのブレークダウンの仕方を、ワークショップ形式できめ細かく指導する必要がありました。実際に慣れるまでは、文書1枚での展開は難しいでしょう。

図表5−5 グループ・個人へのブレークダウンと目標管理

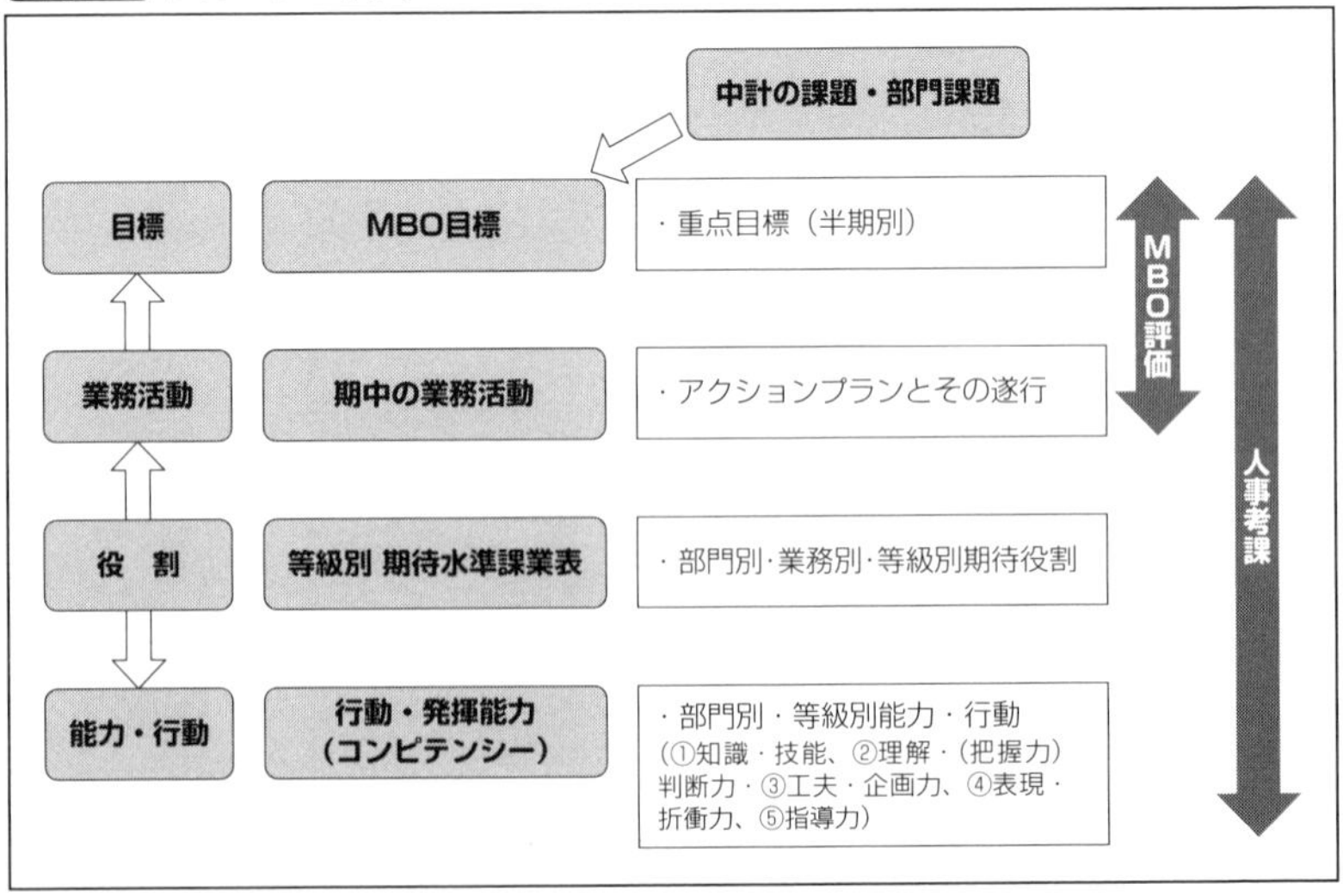

(3) 実現イメージの創出と伝達

中期経営計画の発表会を実施しても、しばらくすると忘れられてしまうことがよくあります。その原因の一つに、「内容が印象に残りにくい」ということがあります。

経営企画などの立場からすると、会社にとって重要なことで、自分たちが一生懸命まとめ上げ、対外・対内的な発表会も行っているので、中計の存在は非常に重要・重大なものと思っています。ところが、それを受けとめている一般社員にとっては、「経営目標」や「戦略」といった、普段の業務とは直接的な関わりがないことが紹介されますので、半ば上の空です。ですから、すぐに忘れられてしまうのです。

一般的に、物事を人の記憶に残りやすい順に挙げると「感情〉イメージ〉数字〉言葉」となります。印象に残るものにしたいと思えば、感情やイメージに訴える必要がありますが、多くの中期経営計画発表資料は、数字と言葉だけなので、かなり印象に残りにくいのです。

ビジョン設定パートでもご紹介しましたが、優れた経営ビジョンの条件には「イメージ可能性」と「共感性」がありました。この2つを付与するために著者が行っているのが、「ビジョン・ストーリー」作りという方法です。例えば、プロジェクトメンバーで10年後の長期ビジョンを検討し、その描いたイメージをビジョン・ストーリーの形で記述するのです。そして、その中から2つか3つ、一般社員にも将来のイメージが湧くようなストーリーを抽出し、経営計画発表会で紹介します。**マンガのストーリー**の中でも、**ステップ1**の「大和貿易の第1回ワークショップ」で、代表的なビジョン・ストーリーが紹介される場面があったかと思います。

私が中期経営計画の策定指導を行う場合は、ビジョン・ストーリーを社員の皆さんに書いてもらい、そのうちの代表作を経営計画とともに発表してもらっています。経営者はもとより、一般社員にも、「イメージが湧きやすい」と好評です。

ビジョン・ストーリーは、このような発表会の場だけでなく、ビジョン・ストーリー集として冊子にしたり、代表者の朗読録音によりCDなどに焼きつけて配布する方法があります。

人は、実現イメージが湧くとついつい実現したくなるものです。配布してみたらストーリー通りに物事を進めようとしたり、一風変わった例では、自分の特技である作曲ノウハウを活かして「社歌」（案）を作曲してくる人等もいました。

皆さんの会社でも、ぜひ取り組んでみていただければと思います。

▼（4）バランスト・スコアカードを使ったフォロー方法

「バランスト・スコアカード」とは、管理会計の研究者であるロバート・キャプランらによって提唱された管理方法で、**図表5－6**に示すように①財務的視点、②顧客の視点、③社内ビジネス・プロセスの視点、④学習と成長の視点という4つの視点からなっています。

経営者の通知表というのは、財務の視点で測られる利益額や利益率ですが、大きな会社になると業務が分業で行われているため、自分たちの仕事・業務が結果としてどれだけ売上高や利益に貢献しているかということがわかりにくくなっています。このため、この4つの視点をうまく使って、「どのようにしたら売上高や利益を増やせるのか」について関係者が集まって検討します。そうすることで業務と業績の因果関係がわかり、業績を上げるためにはどのようなことに取り組まなければいけないかがわかってきます。そのことを、因果関係を表す戦略マップとその戦略の遂行度を表すKPI（重要業績評価指標）に表現し、戦略共有や

図表5－6 バランスト・スコアカードを使ったフォロー方法

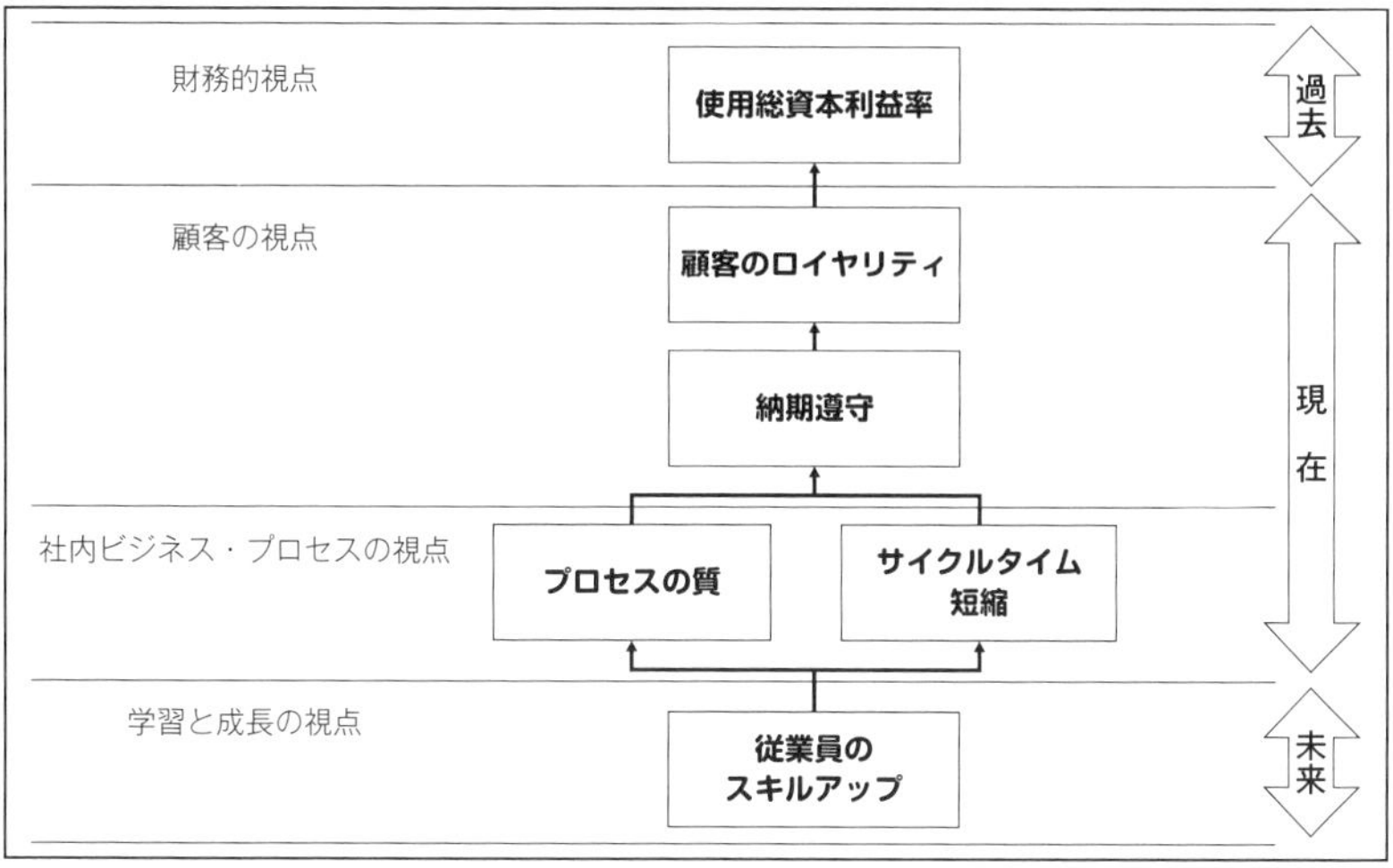

出所：キャプラン＋ノートン著『バランス・スコアカード――新しい経営指標による企業変革』（生産性出版、1997年）

経営管理を行っていくのです。

ＫＰＩは、前に述べた手法でも設定可能ですが、戦略マップを作成することで業績との因果関係がより明確になり、理解度が高まります。ＫＰＩと合わせて活用してみるのもよいでしょう。

（5）中期経営計画の内容別浸透レベル

自社の中期経営計画がどの程度社内に浸透しているかということを把握するのに、図表5－7のようなチェックシートを活用してみると、簡単にわかります。

どの階層や部門で浸透度が低いのかが一見して確認できるため、「浸透度合いを高めるために全社的に行わなければならないことは何か」あるいは「部門別や階層別に取り組まなければならないことは何か」などがつかみやすくなります。

さて、あなたの会社では、どんな結果になるでしょうか？

図表5－7 中期経営計画の内容別浸透レベル

レベル	ビジョン（当社の目指す姿）	自社	経営目標と計数計画	自社	戦略と活動計画	自社
レベル0	知らない		知らない		知らない	
レベル1	知っている		知っている		知っている	
レベル2	意味がわかっている		意味・意義がわかる		何をやろうとしているか理解できる	
レベル3	将来像のイメージが湧く		目標や数字のイメージが湧く		実施することのイメージが湧く	
レベル4	共感する		目標実現、計画達成に共感する		実施内容に共感する	
レベル5	共感した行動をとる		自分と関わりのある目標・計数達成に向けて積極的に取り組む		自分と関わりのあることに積極的に取り組む	

エピローグ

中期経営計画の見直しと進捗管理パート

STORY 7 エピローグ
無事プレゼン終わったんですか良かったですね
こちらはまだちょっとごたついているので羨ましい限りです
まだ大変そうなんですか？
いえ大丈夫です！先は見えてきてますから
それに最近この仕事が少し面白くなってきたので
そうですかよかった！
実は今日プレゼン終わった後で気づいたんです
私がこんなに頑張ってこれたのは高知先生は勿論ですけどやっぱり樹開さんのお蔭だって

俺？
同じ目標に向かって頑張っている人がいるって思っていた以上に励みになるんです
同じようなことで悩んだり喜んだり
他の人にはわかって貰えないこともすぐ理解して貰えるし
今どうしてるかなって気にするだけでちょっと幸せな気分になります
だからなのか私今日樹開さんの声の幻聴が聞こえちゃったんですよ！
……
わっ…！
え？樹開さん？通話？
Pi
それはすべてこちらのセリフです！

突然電話して
すみません
でも…
どうしても
直接言いたくて…
今度のことで
椛田さんには
何回も助けて
貰いました
そのせいで
しょう
僕もあなたの
声を聴いた気が
しました
勿論
高知先生には
とても
感謝してます
でも
あなたには
その何倍も…！
だから僕…
その…っ
だから…
樹開さん
私達の関係って
バックキャスティングで
考えたら
うまくいきますか？
えっ？
先のことを考えつつ
ゆっくりとお付き合い
していきたいんですけど…

……
あれ？まずかった？
樹開さん？
それ僕が言いたかったセリフです…
また助けられちゃった…
まずは親愛なる同志から
よろしくお願いします
Happy End♡

09 中期経営計画の見直しと進捗管理

▼（1）中期経営計画を見直す場合とキープする場合

ここからは、中期経営計画を作った後の見直し方や進捗管理の仕方についてお話ししていきます。

①既存の中期経営計画についての経営企画の悩み

中期経営計画が走り出した後、半年から1年ほど経つと、経営企画の方々は以下のような悩みを抱えることがあるようです。

(a)経営目標が高すぎ、実績と大きく乖離
(b)中計を見直すべきか、維持すべきか
(c)中計をローリングすべきか否か
(d)中計が予算に反映されていない
(e)中計で掲げた課題への取り組みが進んでいない
(f)中期経営計画が忘れられている

以下、それぞれの状況について触れていきましょう。

(a)経営目標が高すぎて、実績と大きく乖離している

(a)はオーナー系の会社や、精力的な経営者が実力以上の高い目標設定を要求するような場合によく見られるケースです。経営側はそうすることによって幹部・管理職等を鼓舞する意図があるのですが、当の幹部・管理職の人たちは、「そんな目標できるわけがない」と最初から諦めてしまいます。実際に1年目が走ってみると、予想したとおり乖離が激しく、その差がどんどん広がっていきます。月次でPDCAを行っていても、差が大きすぎて途方に暮れてしまいます。

「計数計画」「活動計画」「KPI」三位一体のPDCAを回しましょう！

ⓑ中計を見直すべきか、そのままにしておくべきか

ⓐのように目標が高い場合ばかりでなく、何らかの外部環境の変化で経営目標が達成できなくなりそうになることがあります。そうした際に中計の目標そのものを見直すべきか、あるいはそのままにしておくべきかといったことに悩まされることがあります。

ⓒ中計をローリングすべきか、フィックスで進めるべきか

中期経営計画の策定方法には、毎年3カ年を作り直すローリング方式と、一度3年先を決めたら、3年経つまでそのままにしておくフィックス方式とがあります。それぞれメリットデメリットがあります（(2) **中期経営計画をローリング（期中修正）する方法としない方法にて後述**）が、フィックス方式の会社は「ローリング方式の方がよいのではないのか」と、逆にローリング方式の会社は「フィックス方式の方がよいのではないか」と悩まされることがあります。

ⓓ中計が予算に反映されていない

3月が決算期の会社であれば、中期経営計画は前年の12月末までぐらいに作成し、年度予算案は3月末までにまとめます。中計と予算の作成時期にはわずか3カ月の差しかないのですが、その間に状況の変化があり、初年度から中計と予算がずれるということも起こり得ます。こうした場合に、「ずれたままにしていてよいのか」と悩まされることがあります。

ⓔ中計で掲げた課題への取り組みが進んでいない

中期経営計画では、さまざまな新しい課題にチャレンジする旨がうたわれますが、いざスタートしてみると、なかなかそれらの課題への取り組みがはかどらないことがあります。こうした時、経営企画の方々は「みんな現業に一生懸命で、中計課題に取り組むつもりがないのでは」と心配になるでしょう。

ⓕ中期経営計画が忘れられている

「忘れられている」というと、ショックが強いかもしれませんが、実はよくある事象です。４月頃に中計を発表した頃は「新しい中計が出たか」と社内の注目を集めますが、半年ほどすれば、皆さん「中期経営計画」という言葉すら口にしなくなります。まるで「人の噂も七十五日」を地で行っているようです。

これら6つの悩みは、いずれも中期経営計画の作り方や運用方法に端を発している問題です。そこで、このパートでは、作った後の中期経営計画をどうするかについて論じていきたいと思います。

---

②中計を途中で大幅に見直した事例／中期経営計画を見直さずそのまま着地した事例

ここでいったん、実際にあったA・B・C3社の事例を紹介して、中計を見直すべきかについてのポイントを見ていきましょう。

ⓐ事例A社

A社は、創業100周年に向けて長期ビジョンを掲げ、その第一期として中期経営計画を策定し発表しました。ところが、途中でリーマンショックのように過去経験したことがないような大きな外部事業環境の変化があり、中期経営計画だけでなく長期ビジョンも併せて見直しを行い発表しました。

しかし、幸いなことに当初予想されたよりも短期間で事業環境が好転したので、再度前広な長期ビジョンと中期経営計画を打ち出しました。

ところが、その後また、大きな事業環境の変化があったので、再度中期経営計画と長期ビジョンの見直しを行うことにしたのです。

結局Aは、事業環境の変化のたびに、長期ビジョンと中期経営計画を見直すことになりました。

【解説】 この事例の好ましくない点は、中期経営計画を見直しただけでなく、長期ビジョンまで見直してしまったことです。

経済環境の変化は日々起こり得ます。そしてそれはプラスに働いたりマイナスに働いたりします。このため、単年度は当然ながら中期での見直しが必要な場合はありますが、10年先の長期まで一緒に見直す必要はなかったのではないでしょうか。あまりコロコロと数字を変えると「また変わるのでは」と、外部・内部双方からの信用を損ないかねません。

(b)事例B社

B社は、比較的好景気の時期に「10年後は売上を2倍に伸ばす」という長期ビジョンと、連動した中期経営計画を発表しました。同社は国内中心でやってきた会社であったため、売上を大きく伸ばすには海外に進出する必要がありました。このため、中期経営計画では海外の同業・類似他社を積極的にM&Aする計画となっていました。

実際に中計が走り出すと、思いのほかM&Aが進展し、2年目で中期経営計画の売上目標を超過達成してしまう見通しとなりました。このため、2年目の終わりに3年目の目標を上方修正して発表しました。

しかし、実際の3年目には、外部事業環境がマイナスに働き、新たに設定した目標が未達成に終わってしまいました。さらに、その後はM&Aも手控えたため、数年経過して長期ビジョン自体が未達成となる可能性が高くなり、長期ビジョン自体を先延ばしすることにしました。

【解説】 この事例は、長期ビジョンを打ち出して海外に積極的に出て行った点や、さらに2年目で3年目の目標を超過達成しそうになったことにより目標を見直したこともよかったと思います。ただし、海外で買収した会社を立て直し、業績をアップするまでは達成できていません。いわゆるポストM&Aインテグレーション（PMI：M&A後の統合）がうまく行っていないようです。M&Aを行う際には、あらかじめPMIノウハウを身につけておく必要があったでしょう。

(c)事例C社

C社は、中期経営計画の最終年度で外部事業環境の大きなマイナスに見舞われてから、もう3年目となっていたことから、、中期経営計画を見直す余裕もなく、大きな赤字を出して、いったん終了しました。C社は3年ごとのフィックス方式で中期経営計画を作成している会社であったため、「次の中期経営計画をどう打ち出すか」という問題はあったのですが、景気回復が見通せず、次期中計は「中期経営計画」という形ではなく、暫定的な「緊急対策と構造改革」という名目で取り組むこととなり、事態が収まった後に、再度3カ年ごとの中期経営計画を作成し、運用することになりました。

【解説】C社の場合、最終年度に大きな事業環境の変化が起こったために見直しには至りませんでした。これがもし初年度や2年目であれば、見直しが必要となっていたことでしょう。

次期中期経営計画については、見通しがつかないまま作成・発表するのでは外部からの信頼性も低くなってしまいますので、緊急対策的に取り組んだことはよかったのではないでしょうか。

以上3つの事例から、中期経営計画を見直すべきかどうかの論点が見えてきます。具体的には、以下の4つのポイントで考えるとよいでしょう（図表6－1）。

1. **急激かつ大きな環境変化による中期経営計画の前提条件の崩壊**：中期経営計画で前提としている外部事業環境が大きく崩れた場合には、見直しが必要になることがある
2. **目標機能の喪失（超過達成・大幅未達成を含む）**：B社のように2年目で超過達成になると、3年目の目標の意味がなくなる（＝「目標機能の喪失」）ため、見直しの必要が発生する
3. **外部内部へのシグナル効果（＋／－両面で）**：A社のように経営目標を頻繁に変えると、外部・内部双方からの信頼性や求心力が失われるため、内部・外部への影響を考慮した対応が必要となる
4. **タイミング（残りの年月等）**：その事象が中期経営計画の何年目に発生したかによって、見直しの要否が決まる

図表6－1 見直すか否かの判断ポイント

■見直すかどうかには、以下の判断ポイントを適用します

#	判断ポイント	該当する場合は○	備考
1	急激かつ大きな環境変化による前提条件の崩壊		
2	目標機能の喪失（含む超過達成）		
3	外部・内部へのシグナル効果（プラス／マイナス両面で）		
4	タイミング（残りの年月等）		

▼（2）中期経営計画をローリング（期中修正）する方法としない方法

中期経営計画を作成した後、その後の運用をどうするかで大きく2通りの方法があります。1つは、1年経ったら見直しを行い、再度次の3年間の中期経営計画を作り直す方法で、「ローリング方式」といいます。（図表6−2）

もう一つは、一度3カ年の計画を作ったら、3年目の目標は変えず、1年目・2年目・3年目…と予算を作って運用していく方式で、「フィックス方式」と呼びます。調べてみるとフィックス方式の会社が多いようですが、エレクトロニクスなど外部事業環境変化の激しい業界では、3カ年フィックスとはなかなかいかないようです。

図表6−2 ローリング（期中修正）する方法としない方法

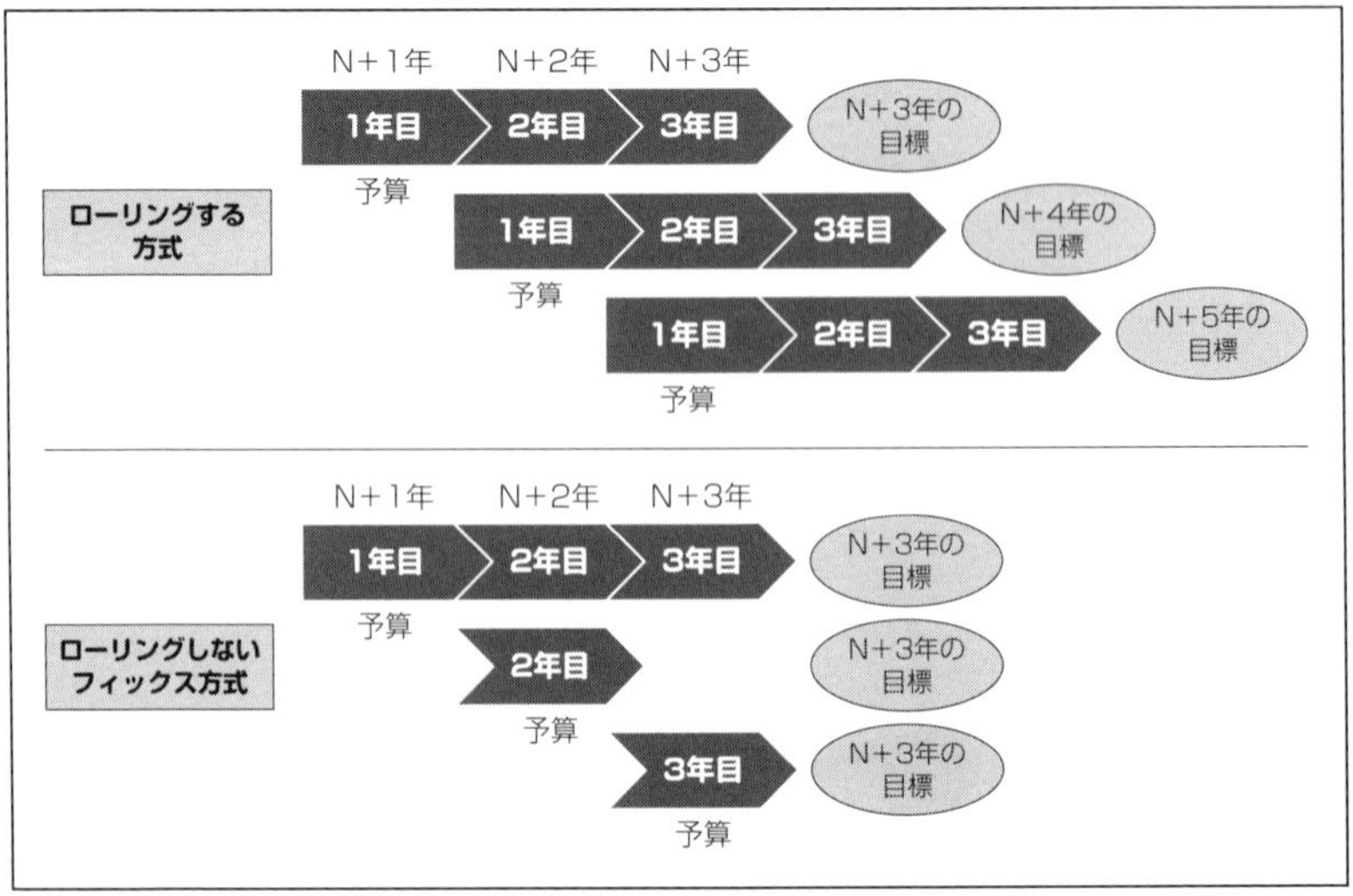

①ローリング方式で起こりがちな問題点・課題

事業会社で中計の策定に携わっていた頃、ローリング方式を採用していたので、中計を毎年作った経験があります。一方で、フィックス方式の経験もあり、それぞれのメリットデメリットを整理すると図表6−3のようになります。

ローリング方式は、環境変化を柔軟に取り込めるというメリットがあるのですが、その反面デメリットもあります。一番の問題点は、毎年作成するために、手間を省いて計数計画中心の経営計画になってしまいがちだということです。また、毎年作り直すので、2年目・3年目の目標が軽くなり、中期的な取り組みが弱くなります。

図表6−3 ローリングとフィックスのメリットとデメリット

区分	メリット	デメリット
ローリングする方式	・環境変化を柔軟に織り込める ・過去の目標に捉われないで済む ・毎年作られるため、引き継ぎの範囲で対応可能	・毎年作らなければならない（作業が大変） ・計数計画中心になる ・3年目の目標が軽くなる ・中期的な目標達成意欲が希薄になる ・中期的な課題への取り組みが弱くなる ・2年目3年目に実行できなくともできたらよさそうなことが書かれる
ローリングしないフィックス方式	・中期的な課題が明確になる ・投資計画が立てやすくなる ・運用次第で目標必達意識が生まれる ・3年間の目標が達成できたか確認できる	・大きな環境変化があった際に見直しが必要になる ・フォローしないと途中から忘れられる

②ローリング方式のデメリット対策

こうしたローリング方式のデメリット対策として、**図表6－4**に示すような対策案が考えられます。

作業量の多さについては、一定の書式を決めて見直すようにすれば負担軽減にもつながりますし、目標や達成意欲の希薄化については、コミットメント方式を採用したり、年度ごとのマイルストーンを明確化したりするなどの対応策が考えられます。

いずれにしても、中期経営計画は対外発表も行い、株主に約束するものでもありますので、責任感のある運用を心がけてほしいと思います。

③フィックス方式のデメリット対策

フィックス方式のデメリットは、大きく分けて、「見直しが必要になる」ということと「フォローしないと途中から忘れられる」ということです。

見直しのポイントについては、（1）②で紹介した3つの事例に基づいた4つの見直しポイントを参考にしてもらえればと思います。また、「フォローしないと忘れられる」という問題点については、後述します。

▼（3）中期経営計画から年度予算・部門別予算への落とし込み方

年度予算の編成方法の具体的な進め方については、**図表6－5**にあるようなステップを拙著『マンガでやさしくわかる経営企画の仕事』で詳しく説明していますので、そちらをご覧ください。

ポイントは、中期経営計画では、1年目、2年目、3年目のそれぞれの計数計画目標がありますから、それと見合わせながら、最終的には3年目の経営目標が達成できるように、各年度の売上・利益の目標を立てていくことです。

そして、戦略的な課題への取り組みとしての活

図表6−4 ローリングのデメリット対策

項　目	デメリット対策	備考
1. 作業が大変	・一定の書式を決めておき、それを見直すようにする	・「ご破算方式」ではなく、前年との「差異説明方式」にしておくと継続性、一貫性が保てる
2. 目標および達成意欲の希薄化	・目標の意味・意義（何を達成するための目標なのか）を明確にしておく ・目標だけでなく、ビジョンを明確にしておく ・「コミットメント方式」を導入する	・意味・意義のない目標はただの数字になってしまう ・達成したいイメージが明確であれば、数字の多少の見直しは許容範囲内 ・短期の目標であっても、必達目標とし、達成できたか、できないかで信賞必罰につなげる
3. 中期的な課題への取り組み	・年度ごとのマイルストーンを明確にし、たとえ1年でも達成状況を確認する ・中期的な課題をローリングし、置き去りにしないようにする	
4. 2、3年先の目標の甘さ	・目標達成の方策を明確化させる ・中計インタビュー等により問い質し、楽観的なものは見直しさせる	
5. モラルハザード	・責任目標とし、評価・処遇と連動させる	

図表6－5 予算策定（編成）の流れ

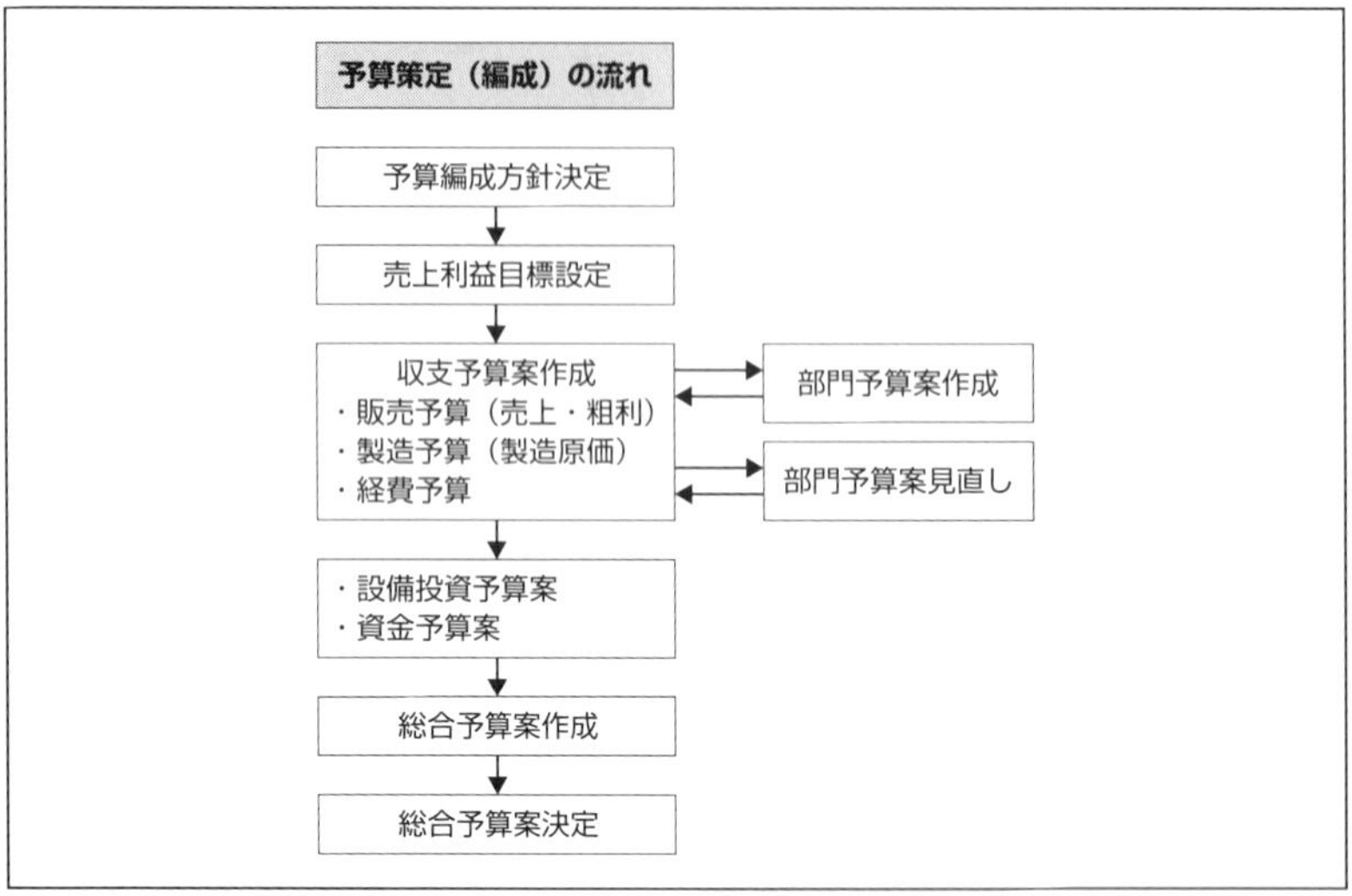

動計画、その中間指標としてのＫＰＩを進捗状況に応じて見直し、再設定を行いながら、軌道修正を行います。最終年度の予算がどうしても中期経営計画の経営目標を達成できそうにない場合は、その都度状況判断をしつつ内外に発表していきます。

▼（４）中期経営計画と予算のフォロー（進捗管理）方法

先に触れましたが、中期経営計画は「フォローを行わないでいると、忘れられてしまうもの」です。

中期経営計画についてフォローを行うべき項目は、**図表６－６**のように①経営目標、②計数計画、③ＫＰＩ、④活動計画の４種類となります。経営目標と計数計画は、おおむね財務数値であることが多いため、そのまま運営していても財務実績が上がってくるためにフォローが可能ですが、ＫＰ

図表6－6 中期経営計画についてフォローを行うべき項目

フォロー事項	フォロー項目	フォロー内容	フォロー可否
1．経営目標	・売上高 ・利益率 ・有利子負債額 ・業界内地位・シェア	・経営目標の達成に向けた進捗状況	・財務値であれば可 ・業界データ等は入手可能性次第
2．計数計画	・年度・四半期売上高 ・同利益額	・左記事項の実績・進捗率・見込み等	・可能
3．ＫＰＩ	・その他会社・事業でＫＰＩ（業績評価指標）として掲げる事項。 例：来店客数、購入単価等	・左記事項の実績、基準値・目標値との差異	・データとして取得できるようになっていて、集計可能となっていれば可能
4．活動計画	・事業戦略・機能別戦略・組織戦略に掲げた課題・施策	・左記課題・施策への取り組み状況	・年度計画に落とし込まれていて、施策が具体化され、主管部署がはっきりしていれば可能

ーと活動計画は、あらかじめフォローができるように作っておく必要があります。

例えば、ＫＰＩは戦略的に重要な指標を設定するものですが、通常の情報システムではそのデータが取れないことがあります。例えば、流通業での接客率などは、接客担当者がデータを入れない限り取得できません。とはいえ、それが重要な指標であれば手作業ででも取る必要が出てきます（私が指導した企業でも、手作業でやってもらったケースがあります）。ただし、継続的にかつ自動で取れる必要があるものであれば、中長期の施策としてシステム化することも検討対象となり得るでしょう。

一方、活動計画は、フォロー（進捗管理）を行うには「誰がいつまでに何をやり遂げる必要があり、それをどうやって把握するか」ということをあらかじめ決めておかないと、フォローができません。ですから、前述のように、活動計画を半期ごとなどの区切りをつけて作成しておき、半年ごとに計画どおり取り組みが行われたか、その成果が出たかを確認する必要があります。

①ＰＤＣＡの行い方

経営目標、計数計画、ＫＰＩ、活動計画の４要素をフォローしていくには、**図表6−7**に示すように「Plan」「Do」「Check」「Action」のサイクル（ＰＤＣＡサイクル）の中で連動して捉えていけるようにする必要があります。

具体的には、計数予算作成に合わせて、活動計画立案とＫＰＩ設定を行い、月次の進捗会議で、その３つの進捗状況を確認できるようにする、ということです。

②ＫＰＩの設定と見直し

中期経営計画の策定時点でＫＰＩの設定を行い運用しますが、データが取りにくかったり、ＫＰ

図表6－7 PDCAの行い方

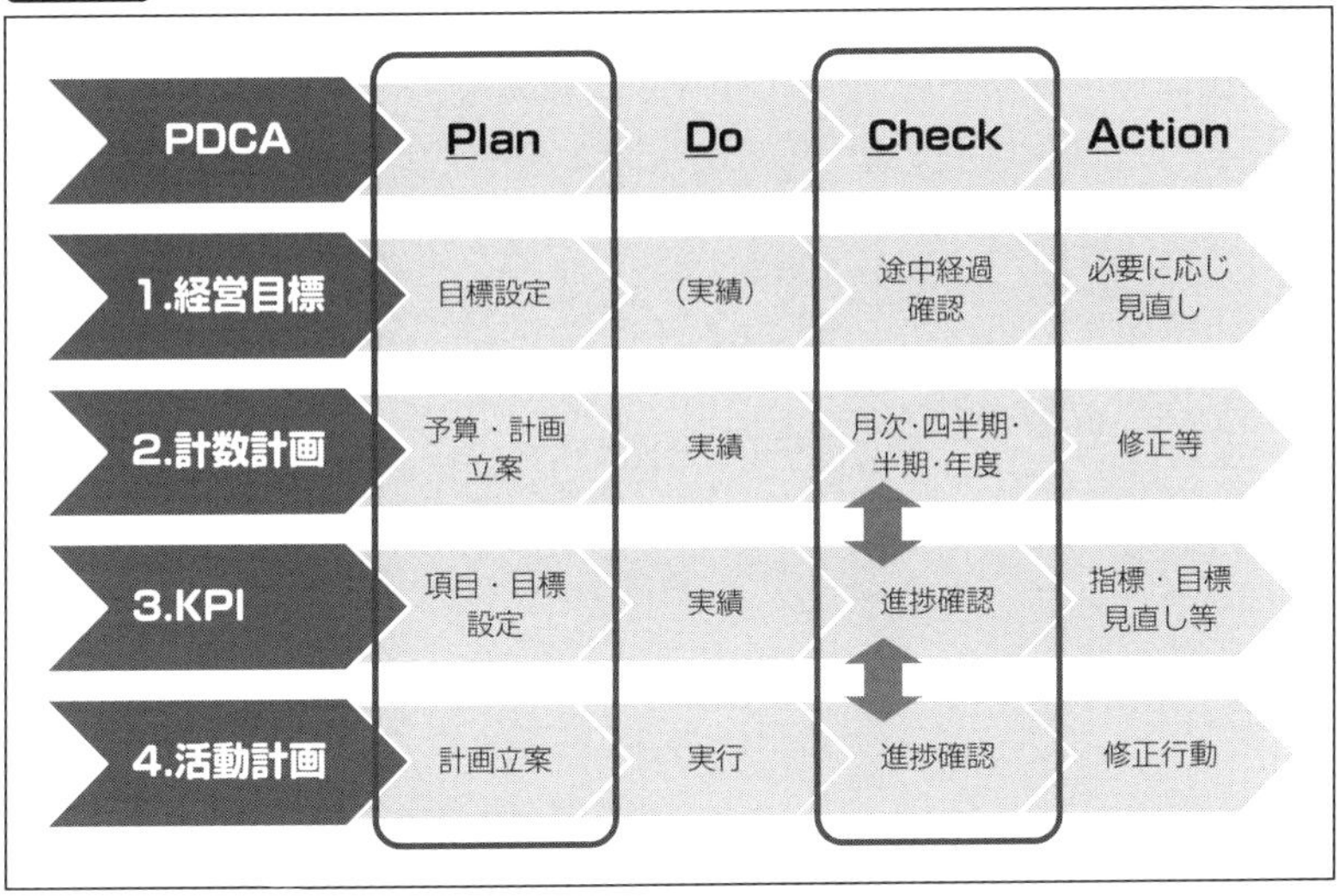

Ｉそのものが適切な指標でなかったことなどにより、見直しが必要になることがあります。ＫＰＩは戦略の遂行や業績の先行指標などになるものですが、最初に設定したＫＰＩを金科玉条のごとく守り通そうとすると無理が生じることがありますので、目的に沿って適宜見直しを行うようにしましょう。ＫＰＩの見直しとそれを達成するための施策の見直しの関係は、**図表６－８**に示すように、「ＫＰＩが適切か」「データが取れるか／運用できるか」、そして「活動計画としての施策が適切か／実行したか／成果が出たか」というように枝分かれして対応が分かれていきますので、参考にしてください。

③ＰＤＣＡのレベル

ＰＤＣＡの取り組み方については、**図表６－９**に示すようなレベル感があると考えます。

図表6－8 KPIの設定と見直し

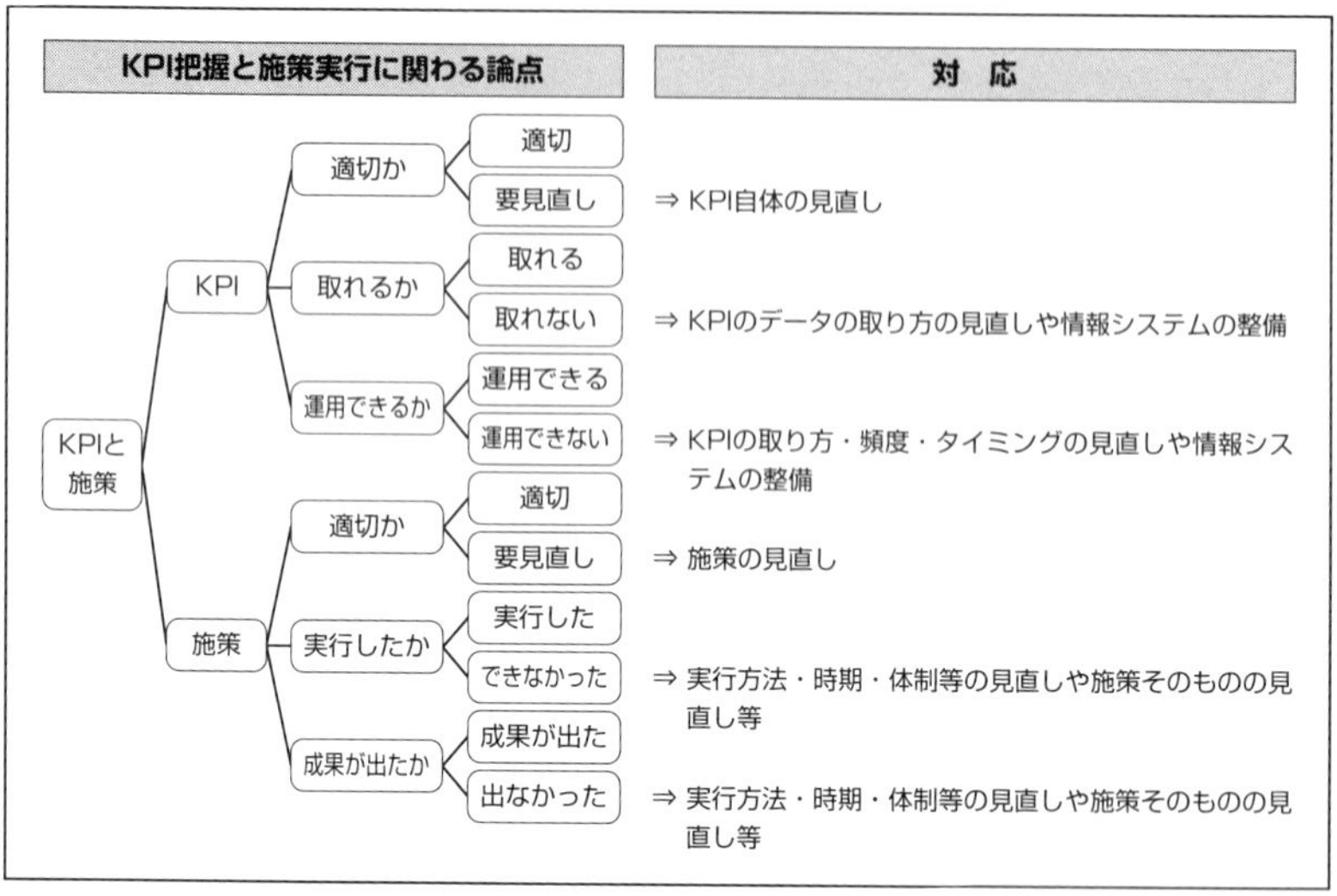

・レベル１：予算としての計数計画を作っても、活動計画を作らず、計数の進捗管理のみを行うレベル。このレベルでは、売上・利益などの数字が毎月達成しているかということだけ議論される

・レベル２：計数の差異分析までを行う。予算と実績で差異の出た部分を分析し、何処に差異が大きかったかが議論される

・レベル３：差異分析の結果、当月ないし次月以降の修正行動が議論され、指示されるレベル

・レベル４：計数計画だけでなく活動計画も作成され、計数の差異が活動計画と紐付けられて議論され、活動計画の見直しや修正行動が行われるレベル

・レベル５：計数計画・活動計画に加えてＫＰＩが設定され、三者の関係が分析され、適宜活動計画の見直しやＫＰＩの見直しが行われるレベル

図表6−9 PDCAのレベル

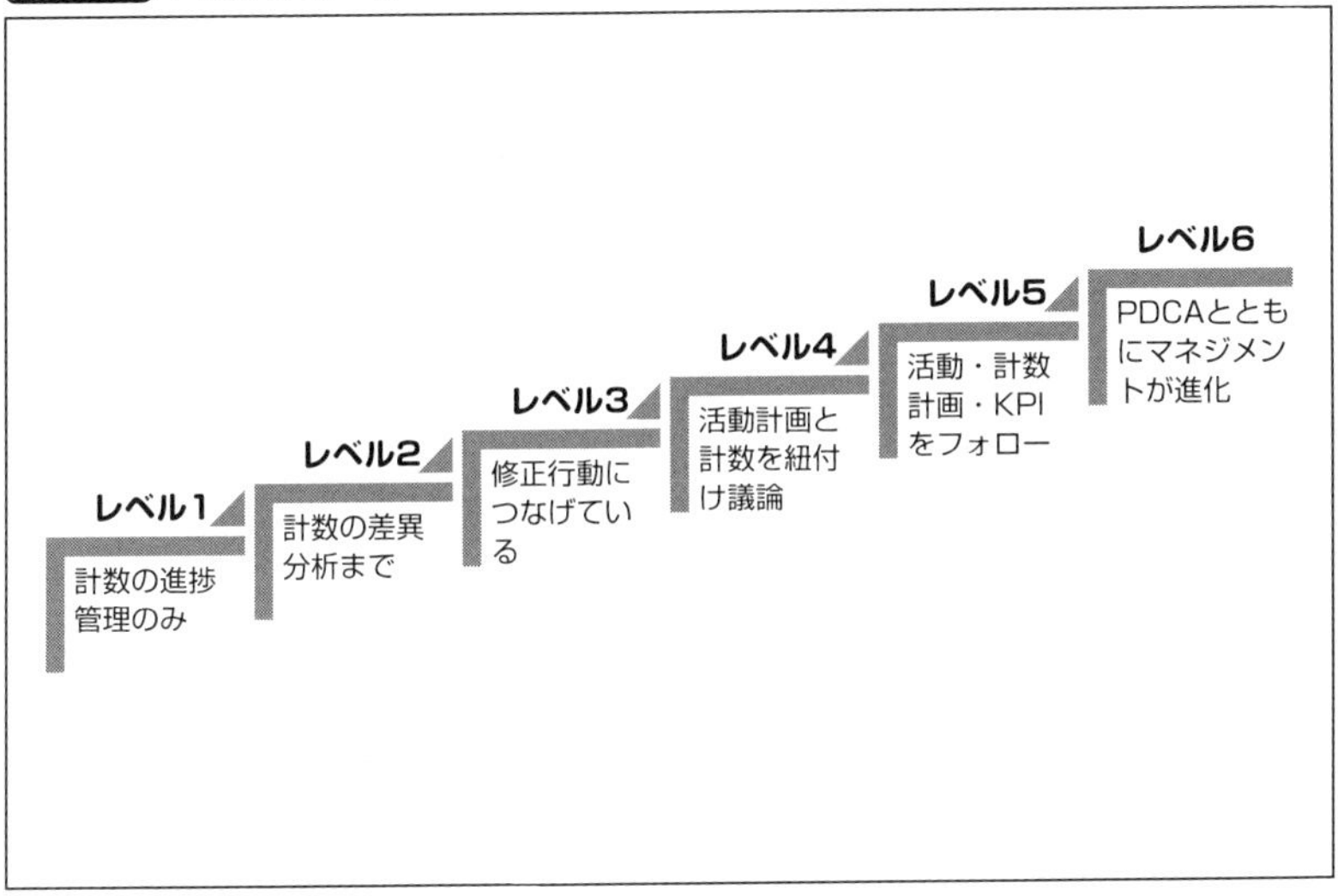

・レベル6：レベル5のPDCAが継続的に行われることにより、だんだんとマネジメント（経営管理）が進化していく最上位のレベル

最上位のレベル6に到達すると、改善や改革が進み、会社がどんどんよくなっていきます。

本書で推奨しているのはレベル5ですが、世の中の多くの会社は、レベル3程度（計数計画しか作らず、活動計画やKPIがない状態）にとどまっているようです。新しい中期経営計画の策定とともに、PDCAの行い方も改めて見直してはどうでしょうか。

④予実差の分析の視点

予算や計画と実績の分析を行う際には、図表6−10に示すように、予算達成度Bに対してその要因を因数分解して捉えることで、適切な対応策・修正行動につなげられます。

図表6－10 予実差の分析の視点

■前月の実績（含む見込み）について、予実差の分析を下記のように**因数分解**して行います

区分	予算達成度B	要因E	要因C	要因K	対応策M
ケース	計数計画（実績－予算）>0 (Y/N)	環境要因(Y/N)(マクロ・市場・競合)	活動計画(Y/N)	KPI (Y/N)	対応策(維持：Keep/修正計画：Revise)
イ	達成(Y)	想定通り(Y+/-)	計画通り(Y)	目標達成(Y)	このまま進める(K)
ロ	未達成(N)	想定通り(Y+/-)	計画通り(Y)	目標達成(Y)	活動とKPI見直し(R)
ハ	未達成(N)	想定通り(Y+/-)	計画通り(Y)	未達成(N)	活動見直し(R)
ニ	未達成(N)	想定通り(Y+/-)	計画未達(N)	未達成(N)	活動見直し&徹底(R)
ホ	未達成(N)	想定外(N+/-)	計画通り(Y)	未達成(N)	環境要因見直し&活動見直し(R)
ヘ	その他（いろいろな組み合わせが考えられます）				組み合わせに応じて対応策を練る

要因は環境要因（Ｅ）、活動計画要因（Ｃ）、ＫＰＩ要因（Ｋ）に分けて捉えます。例えば、特定顧客の工場の稼働率が高いことを前提に予算を立てていたものの、それが下がったことによって未達成となるような場合には、環境要因（Ｅ）がマイナスに働いたと捉えられます。また、新規顧客開拓活動を予定していたにもかかわらず、既存顧客のトラブル対応で実行できなかった場合は、活動計画要因（Ｃ）がマイナスに働いたことになります。さらに、新規顧客の口座をＫＰＩ設定どおり取ったものの、その分の予算が未達成であった場合、ＫＰＩ設定（Ｋ）が不適切であった可能性がありますので、必要に応じてＫＰＩの見直しを行います。

　このように、３つの要因に分けて予実差異を分析すると、より適切な対応策（Ｍ）が導き出されます。ある商社でこのように因数分解して取り組んだことがありますが、支店別のＰＤＣＡがより適切に回るようになり、予算達成度がアップしました。

　世の中の多くの会社は、計数計画だけを立てて、個々人の思い付きの活動計画を場当たり的なマネジメントで実施していることが多いように見受けられます。

　計数計画だけでなく、それを達成するための活動計画とそのパフォーマンスを表すＫＰＩを設定し、三位一体のＰＤＣＡができるようになって、マネジメントを進化させていってもらいたいと思います。

図表6−11 中期経営計画のフォロー分野

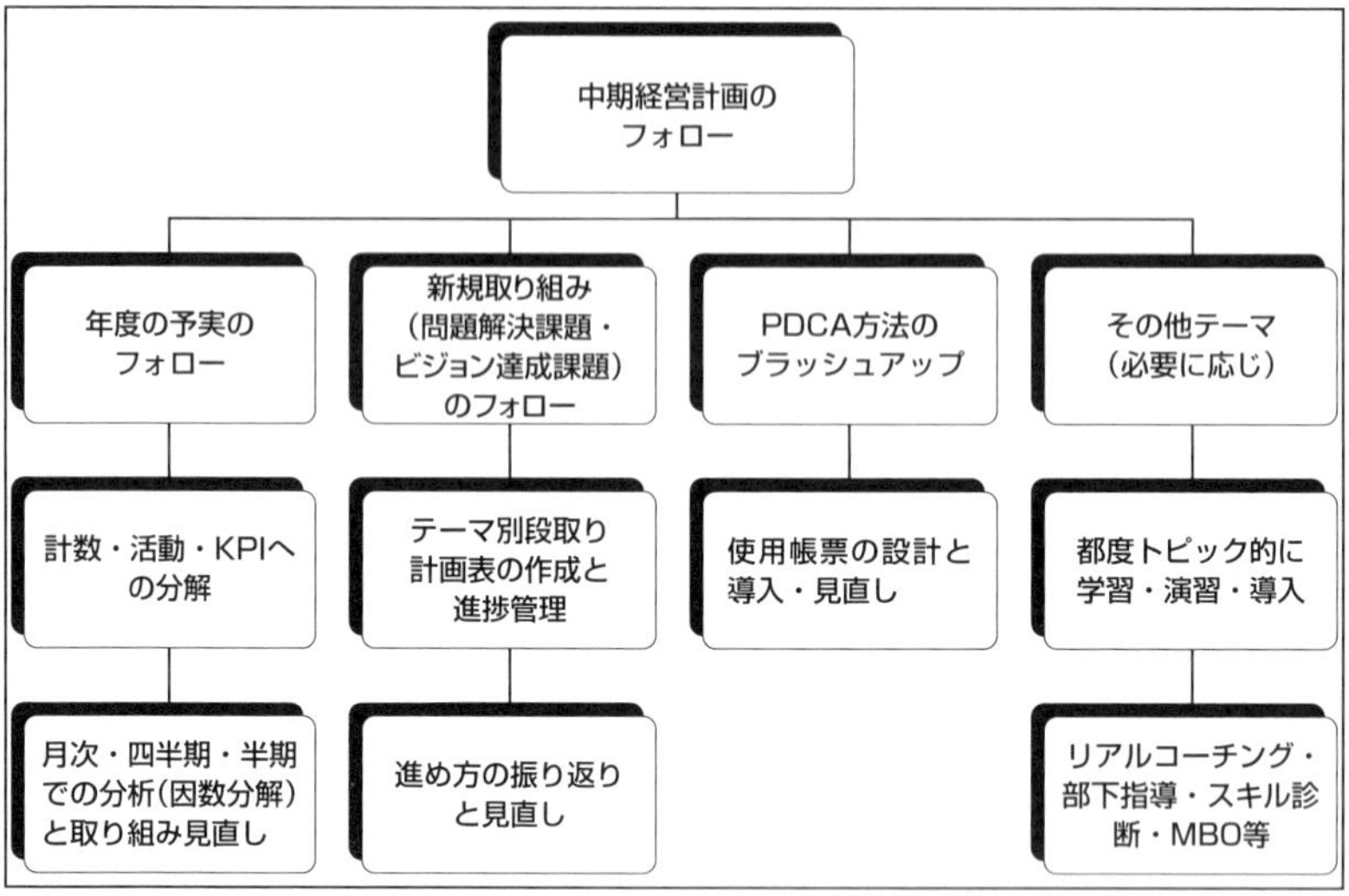

⑤中期経営計画のフォロー分野

中期経営計画でフォローを行うべき分野は、**図表6−11**に示したように「年度の予実のフォロー」「新規の取り組み（問題解決型課題への取り組み・ビジョン達成型課題への取り組み）のフォロー」「PDCA方法自体のブラッシュアップ」「その他テーマ（必要に応じて）」の4系統に分かれます。

特に、「新規の取り組み（問題解決型課題への取り組み）」については、通常の業務を行いながら兼務で取り組む人が多いため、そのままにしておくと通常業務にとらわれすぎて一向にはかどらないということが起こります。

新しい取り組みを成功させるには、**図表6−12**にあるような8つの要件を整える必要があります。

ここで最も重要なのは、「コミットメントとオーナーシップ」です。トップ自身がやる気を出さなければ誰も実行しようとしません。また、兼務

図表6−12 新しいテーマ取り組みにあたって成功に必要な8つの要素

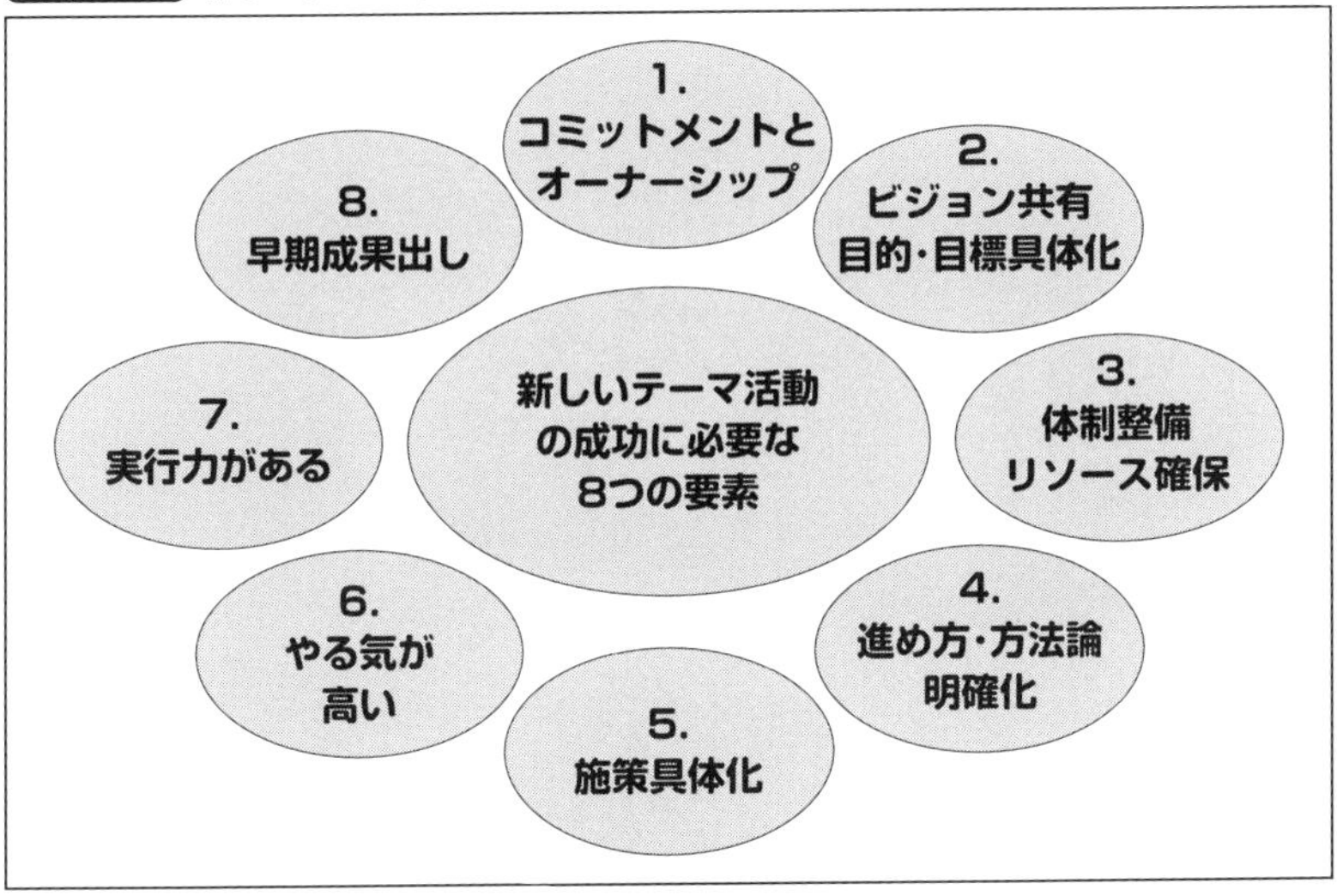

で取り組ませる場合には「体制整備・リソース確保」も重要事項です。リーダーを含めたしっかりした体制の整備とメンバーの時間確保は欠かせません。

「早期成果出し」も重要な要素の一つです。新しい取り組みの成果がなかなか出ないでいると、その取り組みの要否に疑念が湧いてきます。そうすると、足取りが鈍ったり、内部で意見対立が起こるなどして思うように進まなくなります。

上に立つ人、あるいはリーダーとなる人は、そうしたことをよく理解して、新しい取り組みに立ち向かう必要があります。

このように、4分野について適切かつ円滑なフォローに行うには、中期経営計画策定の時点で、どのようなフォロー体制をとるのかをあらかじめ決めておかなければなりません。

まとめ

今回、中期経営計画の策定プロセスを、山本電機はビジネス環境分析パートから始め、大和貿易はビジョン設定パートから始めるというストーリーでご紹介しました。それぞれのタイプで進める際に出くわす問題点やその対応策もある程度ご理解いただけたと思います。

一方、策定プロセスにおいて、社内の事業部門との関わり方でいうと、まず事業部からたたき台を出させる①集約・積上型と、上から方針や目標を出して事業部に振り分ける②目標提示割振り型とがあります。

①集約・積上型の場合、事業部からは達成が容易な低い目標が出てくることが多くなることと、事業部間関連の考え方が弱くなるという弊害があります。

②目標提示割振り型は、ある程度経営の意向は反映させやすいですが、事業部の実態と乖離したり、目標設定における事業部の自主性・自発性を削いだりするおそれがあります。

このため、上下左右で意見交換を行い、全社的視点でビジョンや戦略が共有されている③ビジョン・戦略共有型となることが望ましい姿です。そのためには、大和貿易が行ったようなプロジェクト型で進めてみるのが一つの選択肢だと思います。

また、実行して成果が上がる中期経営計画とするためには、策定段階において、活動計画まで作り込み、進捗管理が行えるようにする必要があります。

何事も段取り、準備がいいほど本番（中計の実行段階）がうまくいくと信じて、取り組んでみてください。皆さんの成功を祈ります。

中期経営計画策定用ワークシート集

ダウンロードサービスについて

本書の特典として、中期経営計画の策定に役立つワークシート集を下記のサイトよりダウンロードいただけます。

■ダウンロードサイトURL■
http://www.iguchi-yoshinori.com/chukei

●中期経営計画策定用ワークシート集（ファイル名：chukeiws.pptx）
（Microsoft Office Powerpoint プレゼンテーション）

●中期経営計画ワークシート集目次

1

目 次

※こちらは中期経営計画策定用のワークシート集の目次であって、書籍で紹介している社内発表用資料の目次とは異なります。

 1

●はじめに

2

はじめに

- ■なぜ今回中期経営計画を作ることにしたか
- ■策定の目的
- ■経緯
- ■期待等

 2

●前（現）中期経営計画の振り返り

3

前(現)中期経営計画の振り返り

項 目		前中期経営計画（20〇〇年〇月期）			新中期経営計画に向けた課題
		計画	実績	差異	
経営目標達成度	売上高				
	営業利益				
	経常利益				
	その他				
目指す姿					
環境変化	マクロ環境				
	市場環境				
	競争環境				
重要戦略遂行度	A事業				
	B事業				
	その他				
その他					

 3

●企業理念のキーワード

4

企業理念のキーワード

区 分	キーワード	意 味
存在意義		
経営の姿勢		
行動規範		

 4

●外部事業環境変化と課題

5

外部事業環境変化と課題

分野		項目	内容	当社の課題
マクロ環境	政治・法律(P)			
	経済(E)			
	社会(S)			
	技術(T)			
	環境(E)			
市 場	顧客とニーズ			
競 合	競合の動向			

●シナリオ・プランニング

6

シナリオ・プランニング

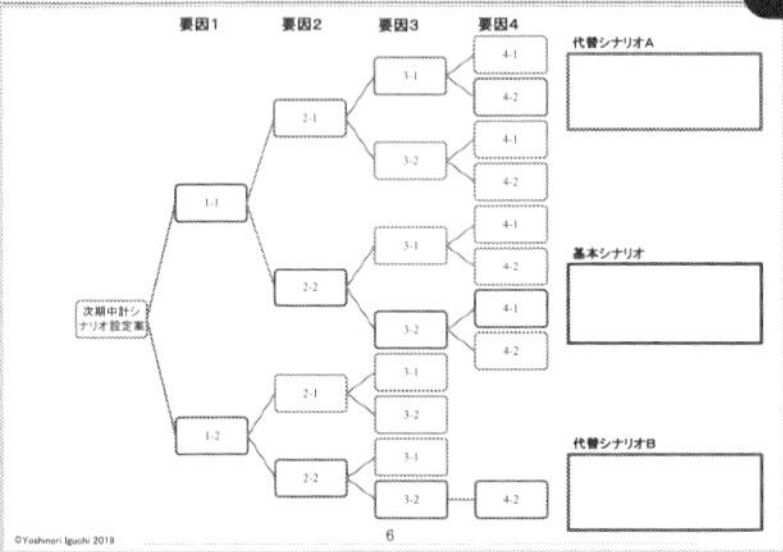

 6

●10年後の将来像

7

10年後の将来像

項目		内容	意味説明
将来像を表すキーワード			
経営目標	売上高		
	粗利		
	営業利益		
イメージ			

 7

●3年後の経営ビジョン

8

3年後の経営ビジョン

区 分	キーワード	意 味
市場・社会でのポジション		
事業運営の将来像		
組織と人のあり方・関係		

 8

●外部事業環境分析から抽出された問題点と課題

13

外部事業環境分析から抽出された問題点と課題

		現状／見通し／問題点	取り組むべき課題
マクロ環境	P		
	E		
	S		
	T		
	Eco		
事業別分析（市場・競合・自社事業分析）			
A事業	市場		
	競合		
	自社		
B事業	市場		
	競合		
	自社		

©Yoshinori Iguchi 2019　13

●自社経営資源分析から抽出された問題点と課題

14

自社経営資源分析から抽出された問題点と課題

	現 状／問題点／見込み	取り組むべき課題
財務		
人事・人材		
経営管理		
情報システム		
組織風土		

©Yoshinori Iguchi 2019　14

●SWOT分析

15

SWOT分析

■内部要因としての強みと弱み、外部要因としての機会と脅威を抽出します。

	強み（Strengths）	弱み（Weaknesses）
内部要因		
	機会（Opportunities）	脅威（Threats）
外部要因		

©Yoshinori Iguchi 2019　15

●クロスSWOT分析

16

クロスSWOT分析

■SWOTの組み合わせによりクロスSWOT分析を行い、戦略代替案を抽出します

		内部要因	
		強み（S）：	弱み（W）：
外部要因	機会（O）：	SO戦略：強みを機会に活かす ・	WO戦略：弱みを補完して機会に活かす ・
	脅威（T）：	ST戦略：強みで脅威に対処 ・	WT戦略：弱みと脅威を最小化 ・

©Yoshinori Iguchi 2019　16

●ドメインコンセプト

9

ドメインコンセプト

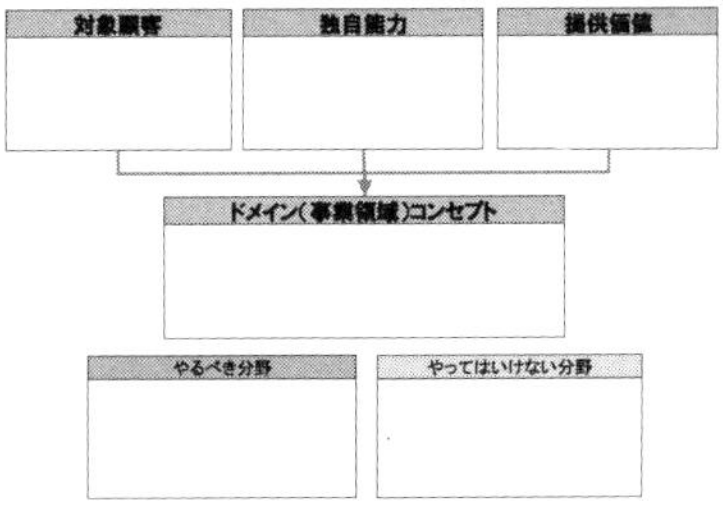

©Yoshinori Iguchi 2019　9

●アンゾフのマトリックス

10

アンゾフのマトリックス

■ 現商品・サービスを含め、「市場浸透」「市場開拓」「製品・サービス開発」「多角化」の可能性のある分野を抽出します

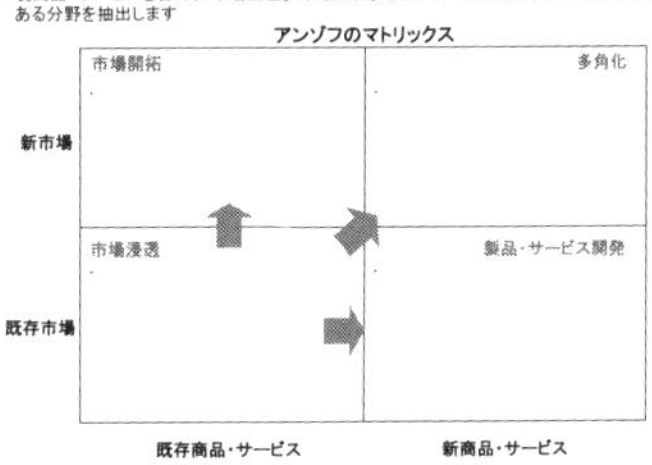

©Yoshinori Iguchi 2019　10

●3年後の目標と将来の目標

11

3年後の目標と将来の目標

■ 長期の目標から中期の目標に落としてきます。

	前年度実績	20〇〇年度予算	3年後（20〇〇年度末）	将来（10年後）
KPI				
売上高	⇨		⬅	
売上成長性（年平均％）				
収益性（営業利益率）				
その他				

©Yoshinori Iguchi 2019　11

●競合（ベンチマーク）との比較

12

競合（ベンチマーク）との比較

■主たる競合と、当社を比較すると以下の通りとなります。

	当社	競合A	競合B	競合C
会社名				
ターゲット顧客				
ニーズ				
提供商品・サービス				
価格帯				
チャネル・ルート				
販促・営業方法				
強み・弱み				
売上				
利益率				
従業員数				
重要成功要因				

©Yoshinori Iguchi 2019　-12-

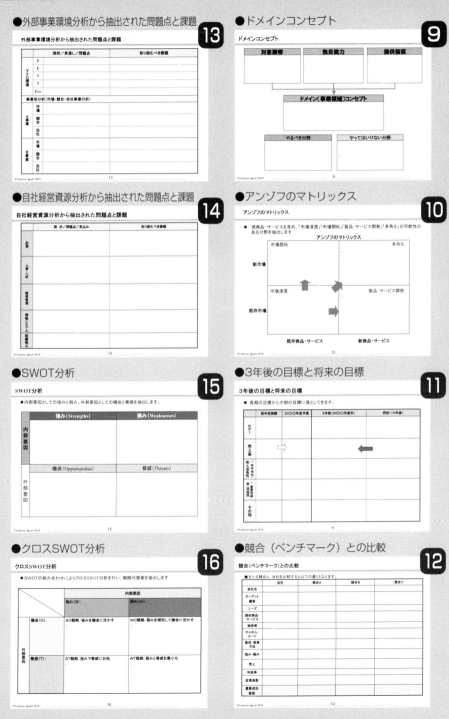

●ギャップと基本戦略の設定

21

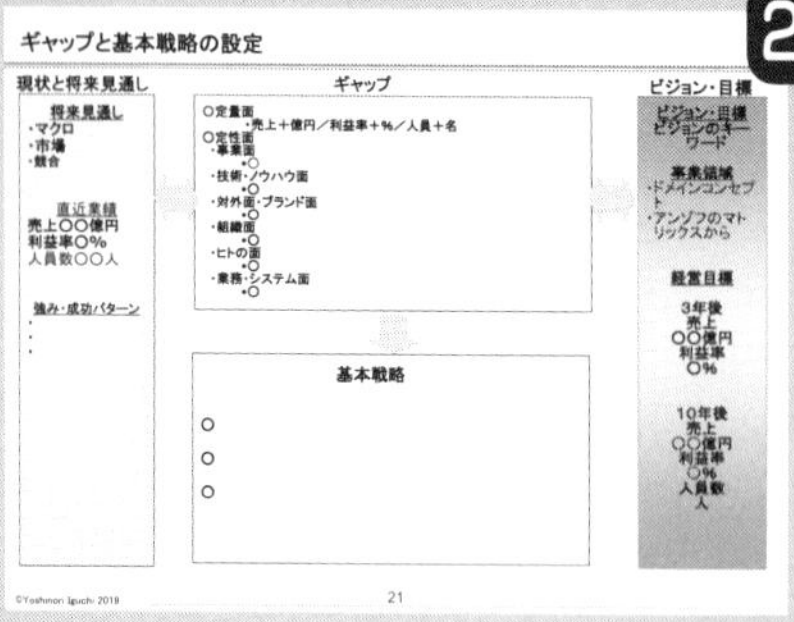

●基本戦略のFrom→To

22

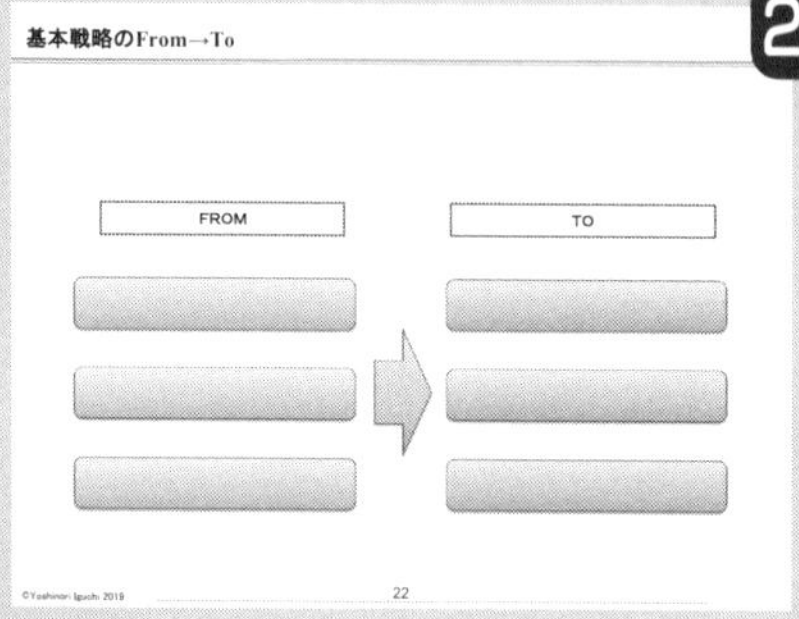

●事業戦略

23

事業戦略

■対象となる事業について、事業戦略の検討を行います。

事業	区分	対象市場・顧客（ニーズ）	事業戦略のパターン（補足）	対象セグメント	マーケティング ミックス（4P）	その他
事業A	既存				製品 価格 販路 広宣	
	新規				製品 価格 販路 広宣	
事業B	既存				製品 価格 販路 広宣	
	新規				製品 価格 販路 広宣	

©Yoshimori Iguchi 2019　23

●機能別戦略（メーカー用）

24

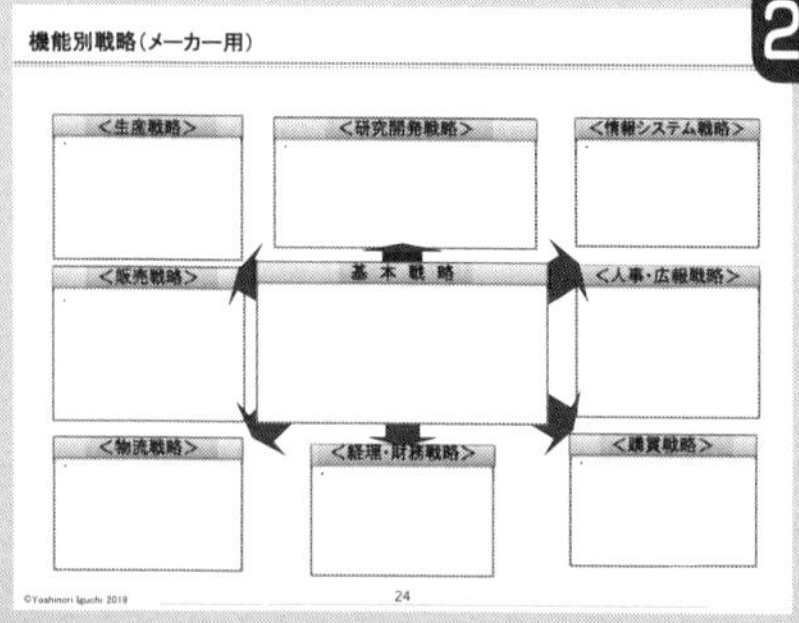

●自社の成功パターン

17

自社の成功パターン

	これまでの成功パターン	今後の成功パターン
A事業		
B事業		
会社全体		

©Yoshimori Iguchi 2019　17

●パラダイムシフト（構造改革）をどう進めるか？

18

パラダイムシフト（構造改革）をどう進めるか？

変革分野	これまで	これから	それに向けた変革課題
1．事業領域			
2．ビジネスモデル			
3．市場展開			
4．競合相手			
5．商品開発			
5．分業構造			
6．提携関係			
7．その他			

©Yoshimori Iguchi 2019　18

●既存のビジネスモデルと問題点

19

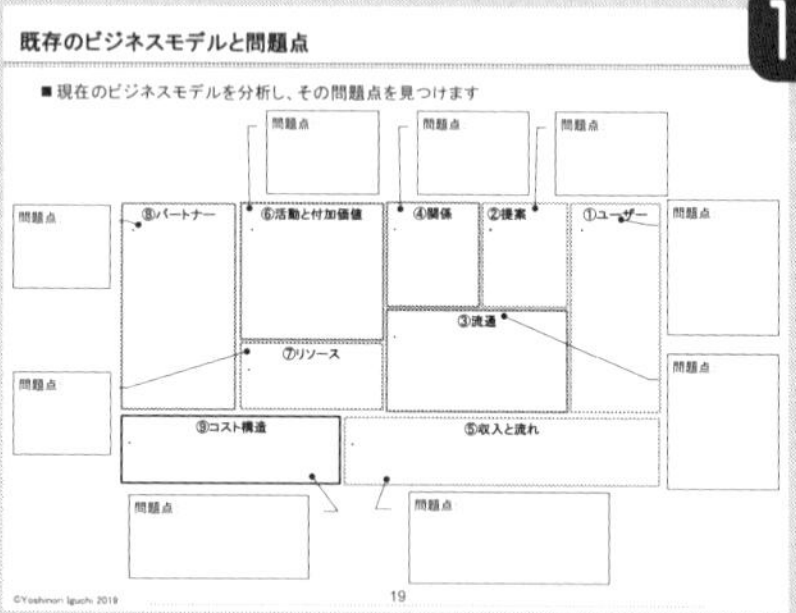

●新しいビジネスモデルをデザインする

20

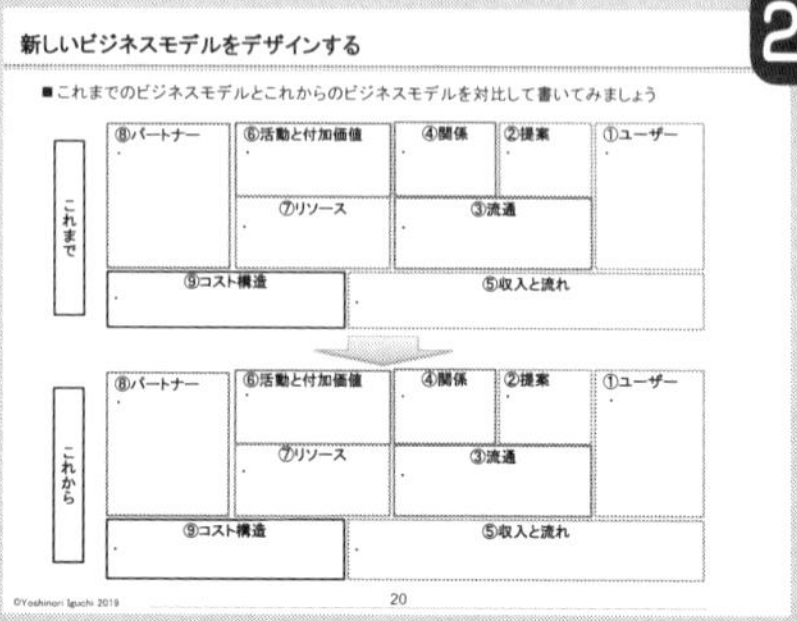

●課題解決策検討 テーマ名：〇〇の〇〇(大課題)

29

課題解決策検討　テーマ名：〇〇の〇〇(大課題)

①中課題	③現状・問題点	④ギャップ	⑤解決策	②目標・将来像

※1.戦略課題(大課題)の数だけ作ります
※2.補足資料は適宜付けてください

©Yoshinori Iguchi 2019　29

●テーマ別中期活動計画：「〇〇の〇〇」(事業系用)

30

テーマ別中期活動計画：「〇〇の〇〇」(事業系用)

時間軸	区分	20〇〇年度 上期	20〇〇年度 下期	20〇〇年度 2年後	20〇〇年度 3年後	将来像・目標
位置づけ						
売上						
1.	MS※					
	施策					
2.	MS					
	施策					
3.	MS					
	施策					
4.	MS					
	施策					
5.	MS					
	施策					

※MS：マイルストーンのこと。なお、補足資料は適宜付けてください

©Yoshinori Iguchi 2019　30

●テーマ別中期活動計画：「〇〇の〇〇」(機能別用)

31

テーマ別中期活動計画：「〇〇の〇〇」(機能別用)

時間軸	区分	20〇〇年度 上期	20〇〇年度 下期	20〇〇年度 2年後	20〇〇年度 3年後	将来像・目標
位置づけ						
1.	MS					
	施策					
2.	MS					
	施策					
3.	MS					
	施策					
4.	MS					
	施策					
5.	MS					
	施策					

※MS：マイルストーンのこと。なお、補足資料は適宜付けてください

©Yoshinori Iguchi 2019　31

●計数計画　売上・利益計画

32

計数計画　売上・利益計画

区分			20〇〇年度(実績)	20〇〇年度(1年目)	20〇〇年度(2年目)	20〇〇年度(3年目)
事業系	A事業	売上				
		粗利				
		利益				
		売上				
		粗利				
		利益				
	B事業	売上				
		粗利				
		利益				
合計		売上				
		粗利				
		利益				
本社費						
営業利益						
営業外						
経常利益						

※実際には、Excelで作成して貼り付けます

©Yoshinori Iguchi 2019　32

●機能別戦略(流通業用)

25

機能別戦略(流通業用)

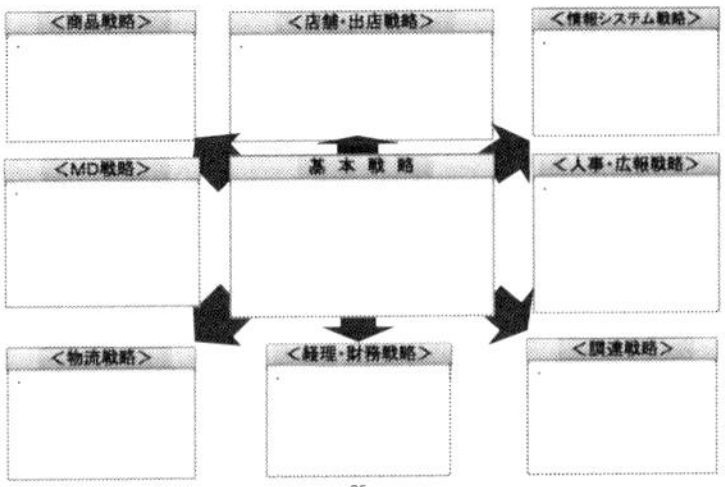

©Yoshinori Iguchi 2019　25

●組織戦略

26

組織戦略

■　将来の望ましい組織像を描いてみてください。

©Yoshinori Iguchi 2019　26

●KPIツリー

27

KPIツリー

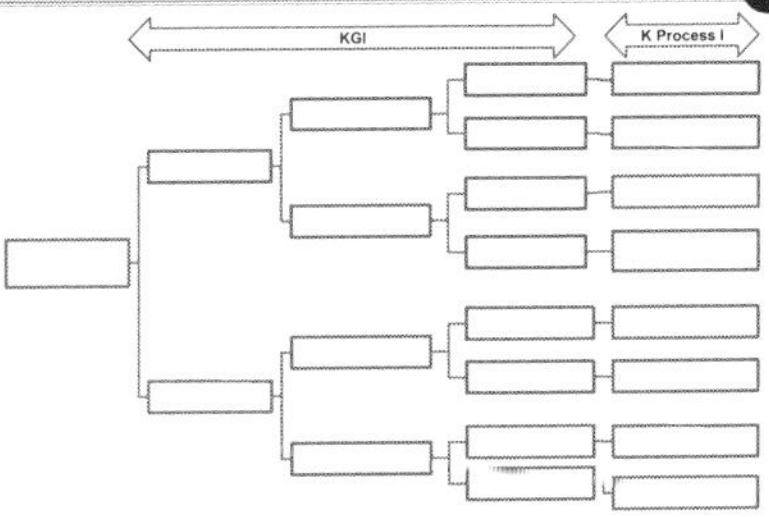

©Yoshinori Iguchi 2019　27

●中期経営計画 戦略課題まとめシート

28

中期経営計画 戦略課題まとめシート

区分		大課題	中課題	重要性	緊急性	担当
事業戦略系						
機能別戦略系						
組織戦略系						
その他						

凡例：重要度 ◎ 業績等への影響大、○ 業績等に影響あり、△ 業績等への影響大きくないが取組み必要、
緊急性 ◎ 速やかに着手し完了要、○ 1年以内に着手し、期間中に完了要、△ 期間中に着手要

©Yoshinori Iguchi 2019　28

●計数計画　投資・人員計画

33

計数計画　投資・人員計画

区分			20〇〇年度（実績）		20〇〇年度（1年目）		20〇〇年度（2年目）		20〇〇年度（3年目）	
			項目	金額	項目	金額	項目	金額	項目	金額
事業系	A事業	投資								
		人員								
		投資								
		人員								
	B事業	投資								
		人員								
合計		投資								
		人員								
情報システム		投資								
		人員								
その他本社		投資								
		人員								
全社		投資								
		人員								

※実際には，Excelで作成して貼り付けます

33

【著者紹介】

井口　嘉則（いぐち　よしのり）
株式会社ユニバーサル・ワイ・ネット　代表取締役
オフィス井口　代表

岐阜県出身。東京大学文学部社会学科卒業、シカゴ大学ＭＢＡ。

日産自動車にて情報システム部門、海外企画部門を経験、中期計画・事業計画を担当。三和総合研究所（現三菱ＵＦＪリサーチ＆コンサルティング）にて、中堅～大企業向けに中期経営計画策定支援をはじめ、数多くの経営コンサルティング案件を手がけ、10年で100案件をこなす。その後、IT系など複数のコンサルティング会社を経て、2008年にオフィス井口設立。2009年から株式会社ユニバーサル・ワイ・ネット代表取締役。

中央大学ビジネススクール客員教授、立教大学経営学部講師、対外経済貿易大学客員教授（中国・北京）等を務める。

クライアント企業の中期経営計画策定や新規事業企画コンサル、ワークショップ方式の企業研修講師を多く務める。研修・講師実績多数。研修・セミナー等は年間150回ペースで実施。

■著書

『これならわかる マンガで入門！ 新規事業のはじめ方』（ダイヤモンド社、2015年）
『中期経営計画の立て方・使い方』（かんき出版、2008年）
『マンガでやさしくわかる経営企画の仕事』（日本能率協会マネジメントセンター、2018年）
『マンガでやさしくわかる事業計画書』（日本能率協会マネジメントセンター、2013年）
『ゼロからわかる事業計画書の作り方』（日本能率協会マネジメントセンター、2009年）
『経営戦略のフレームワークがわかる』（産業能率大学出版部、2011年）ほか。

オフィス井口のホームページに最新のセミナー情報、事例、顧客・受講者の感想等を掲載
http://www.iguchi-yoshinori.com/

編集協力／MICHE Company, LLC
カバーイラスト・作画／柾 朱鷺

マンガでやさしくわかる中期経営計画の立て方・使い方
ダウンロードサービス付

2019年4月10日　　初版第1刷発行
2024年8月30日　　　第4刷発行

著　者――井口 嘉則

発行者――張 士洛
発行所――日本能率協会マネジメントセンター
〒103-6009　東京都中央区日本橋2-7-1　東京日本橋タワー
TEL　03(6362)4339(編集)／03(6362)4558(販売)
FAX　03(3272)8127(編集・販売)
https://www.jmam.co.jp/

装　丁――ホリウチミホ（ニクスインク）
本文DTP――株式会社明昌堂
印刷所――シナノ書籍印刷株式会社
製本所――ナショナル製本協同組合

ISBN 978-4-8207-2717-0　C2034
落丁・乱丁はおとりかえします。
PRINTED IN JAPAN

PDCA